글로벌 에티켓

틀린 게 아니라 다른 거라고?

1판 1쇄 발행 2021년 4월 1일

글쓴이 이미호
그린이 임혜경

편집 이용혁 박재언 이순아
디자인 문지현 오나경

펴낸이 이경민
펴낸곳 ㈜동아엠앤비
출판등록 2014년 3월 28일(제25100-2014-000025호)
주소 (03737) 서울특별시 서대문구 충정로 35-17 인촌빌딩 1층
전화 (편집) 02-392-6901 (마케팅) 02-392-6900
팩스 02-392-6902
전자우편 damnb0401@naver.com
SNS

ISBN 979-11-6363-335-8 (74400)

※ 책 가격은 뒤표지에 있습니다.
※ 잘못된 책은 구입한 곳에서 바꿔 드립니다.
※ 이 책에 실린 사진은 위키피디아, 셔터스톡에서 제공받았습니다.

 도서출판 뭉치는 ㈜동아엠앤비의 어린이 출판 브랜드로, 아이들의 지식을 단단하게 만들어 주고, 아이들의 창의력과 사고력을 키워 주어 우리 자녀들이 융합형 창의 사고뭉치로 성장할 수 있도록 좋은 책을 만들겠습니다.

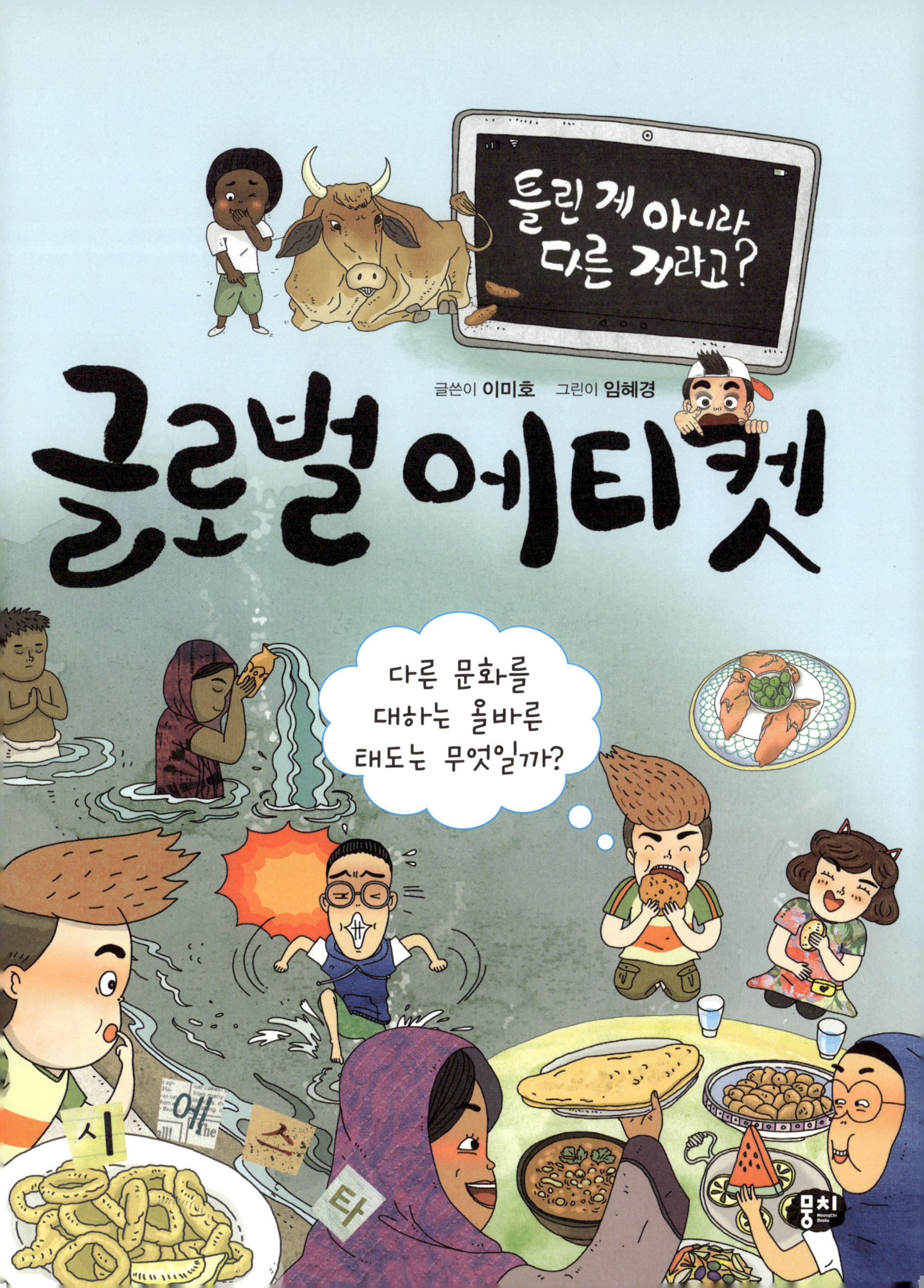

틀린 게 아니라
다른 거라고?

글쓴이 **이미호** 그린이 **임혜경**

글로벌 에티켓

다른 문화를
대하는 올바른
태도는 무엇일까?

펴내는 글

다른 나라의 문화를 어떻게 받아들여야 할까?
독특하고 재미있는 세계 문화에는 무엇이 있을까?

　선생님의 질문에 교실은 일순간 조용해지기 시작합니다. 인내심이 한계에 다다른 선생님께서 콕 집어 누군가의 이름을 부르는 순간 내가 걸리지 않았다는 안도감에 금세 평온을 되찾지요. 많은 사람 앞에서 어떻게 말을 해야 할까 고민 한번 해 보지 않은 사람은 없을 겁니다.

　사람들 앞에서 자신의 생각을 조리 있게 전달하는 기술은 국어 수업 시간에만 필요한 것이 아닙니다. 학교 교실뿐만 아니라 상급 학교 면접 자리 또는 성인이 된 후 회의에서도 자신의 의견을 분명히 표현할 수 있어야 합니다. 하지만 어디서부터 시작해야 할지 몰라 입을 떼는 일이 쉽지 않습니다. 혀끝에서 맴돌다 삼켜 버리는 일도 종종 있습니다. 얼떨결에 한마디 말을 하게 되더라도 뭔가 부족한 설명에 왠지 아쉬움이 들 때도 많습니다.

　논리적 사고 과정과 순발력까지 필요로 하는 토론장에서 자신만의 목소리를 내려면 풍부한 배경지식은 기본입니다. 게다가 고학년으로 올라가서 배우는 수업과 진학 시험에서의 논술은 교과서 속의 내용만을 요구하지 않습니다. 또한 상대의 의견을 받아들이거나 비판하기 위해서도 의견의 타당성과 높은 수준의 가치 판단을 해야 하는 경우가 많은데, 자신의 입장을 분명히 하기 위해서는 풍부한 자료와 논거가 필요합니다.

　토론왕 시리즈는 우리 주변에서 일어나는 다양한 사건과 시사 상식 그리고 해마다 반복되는 화젯거리 등을 초등학교 수준에서 학습하고 자신의 말로 표현할 수 있도록 기획되었습니다. 체계적이고 널리 인정받은 여러 콘텐츠를 수집해 정리하였고, 전문 작가들이 학생들의 발달 상황에 맞게 스토리를 구성하였습니다. 개별적으로 만들어진 교과서에서는 접할 수 없는 구성으로 주제와 내용을 엮어 어린 독자들이 과학적 사고뿐만 아니라 문제 해결력, 비판적 사고력을 두루 경험할 수 있도록 하였습니다. 또한 폭넓은 정보를 서로 연결 지어 설명함으로써 교과별로 조각나 있는 지식을 엮어 배경지식을 보다 탄탄하게 만들어 줍니다. 이러한 통합 교과형 구성은 국어를 기본으로 과학에서부터 역사, 지리, 사회, 예술에 이르기까지 상식과 사회에 대한 감각을 익히고 세상을 올바르게 바라보는 눈을 갖는 데 큰 도움이 될 것입니다.

『틀린 게 아니라 다른 거라고? 글로벌 에티켓』은 세계 문화별로 독특한 예절과 관습 등을 다루고 있는 동화입니다. '세계는 하나'라고 하지만, 알고 보면 우리나라에서는 칭찬인 행동이 다른 나라에서는 욕인 경우도 있고, 어떤 나라에서는 절대 해서는 안 되는 말이나 행동도 있지요. 어떻게 그럴 수 있냐고 따지고 비난할 게 아니라, 그 나라 고유의 풍습이자 문화라는 것을 알아 가는 데 이 책의 목적이 있습니다. 세계 여행이 점점 일상화되어 가고, 해외 유학을 하거나 이민을 가는 상황이 종종 생기는 만큼 다른 나라의 역사와 문화를 이해하는 것은 우리 삶에 꼭 필요한 일이랍니다. 우리 어린이들이 이 책을 통해 세계화에 발맞춘 다양한 문화와 풍습을 익히고, 더불어 우리 고유의 문화와 예절을 다른 나라에 자연스럽게 알릴 수 있기를 바랍니다.

편집부

차례

펴내는 글 · 4
빛과 어둠의 보드게임 · 8

1장 모두 다 같이 꿀잠 중! · 11

헬로 에스파냐! 안녕, 티토!

시에스타 시간

삐삐삐, 빈칸을 완성하라!

토론왕 되기! 문화 지역이 나뉜 까닭은 무엇일까?

2장 사람 사이에 계급이 있다고? · 37

인도 바라나시에서 만난 아룬

신성한 강, 갠지스

까만 방에 갇히다

토론왕 되기! 계급 제도는 문화일까, 악습일까?

뭉치 토론 만화
문화를 이해하는 데 예절이 필요하다고? · 63

3장 나도 이제 베스트 드라이버! · 71

케이 팝 팬 트리나를 만나다

카바 신전에서 드리는 기도

토론왕 되기! 프랑스 학교에서는 왜 이슬람 여학생을 퇴학시켰을까?

4장 추수 감사절은 가족과 함께! · 91

뉴욕 거리에서 만난 엠마

엠마 가족과 함께하는 땡스 기빙 데이

토론왕 되기! 총기 소지는 나와 가족을 지키는 수단일까, 사회를 위협하는 도구일까?

5장 고향으로 가는 길 · 113

아직도 집이 아니라고?

고향으로 떠나는 중국 기차

미션 완료!

토론왕 되기! 다른 문화를 대하는 올바른 태도는 무엇일까?

어려운 용어를 파헤치자! · 137

글로벌 에티켓 참고 사이트 · 138

신나는 토론을 위한 맞춤 가이드 · 139

헬로 에스파냐! 안녕, 티토!

"후아암."

잠에서 깬 티토는 침대에서 내려와 집 안 곳곳을 어슬렁거렸어요. 아빠와 엄마는 아직 주무시고, 형은 이어폰을 낀 채 휴대 전화에 정신이 팔려 있었어요.

심심한 티토는 집 밖으로 살며시 나왔어요. 대문을 열면 바로 광장으로 이어지는데 늘 북적거리는 곳이에요. 그렇지만 지금은 티토 말고는 아무도 없었어요. 티토는 동네를 한 바퀴 돌며 친구를 찾았지요.

그때였어요. 처음 보는 아이들이 티토 앞에 나타났어요.

"우아, 사람이다! 살았다!"

"여기가 어디야?"

아이들은 티토에게 정신없이 말을 걸었지만 티토는 전혀 알아들을 수가 없었어요. 생김새도 언어도 완전히 달랐거든요.

"우리말을 하나도 못 알아듣잖아. 어쩌지?"

신났던 아이들의 표정이 실망으로 바뀌었어요. 그중 한 아이가 나섰어요.

"안녕, 나는 다해야. 우리는 한국에서 왔어. 여긴 어디니?"

앗, 영어다! 티토는 귀가 번쩍 트였어요. 티토의 나라는 에스파냐어를 쓰지만, 티토는 영어도 제법 할 줄 알았거든요.

"반가워, 나는 티토고 여기는 에스파냐야! 어딘지도 모르고 왔니?"

티토가 웃으며 영어로 말하자 다해가 그 말을 한국어로 친구들에게 전달했어요. 다해의 통역을 들은 아이들의 눈이 휘둥그레졌어요.

"에스파냐라고? 그게 어디지?"

에스파냐라는 말을 듣고도 아이들은 고개를 갸우뚱했어요. 다해가 다시 한번 나섰어요. 외교관인 부모님을 따라 세계 곳곳을 다녔던 다해는 영어도 잘할 뿐 아니라 세계 지리도 잘 알고 있었거든요.

"얘들아, 에스파냐가 바로 스페인이야! 한국을 영어로 코리아라고 하듯이 에스파냐를 영어로 하면 스페인이거든. 우린 지금 스페인에 있는 거라고."

"스페인?"

그제야 어디인지 알겠다는 듯 고개를 끄덕이던 아이들은 스페인이 유럽 대륙의 가장 끝에 있다는 것을 깨닫고는 꽥꽥 소리를 질러 대기 시작했어요.

"으악! 말도 안 돼!"

"쎄울! 말 좀 해 봐! 그 보드게임 정체가 뭐야?"

서울이가 난처한 표정으로 말했어요.

"나도 몰라. 이런 적은 처음인데……."

"아, 망했어! 박쎄울 때문에!"

지구가 투덜댔어요. 그때 주노가 풀썩 주저앉으며 말했어요.

"나 목이 너무 말라. 어지러워……."

주노가 쓰러지듯 주저앉자 친구들이 놀라 수선을 떨었어요. 그 모습을 본 티토가 손짓을 하며 말했어요.

"저기가 우리 집이야! 빨리, 빨리!"

덩치가 제일 큰 지구가 주노를 업고 달렸어요. 티토의 집에 도착하자 모두 가쁜 숨을 내쉬었어요. 티토는 차가운 물을 가져와 주노에게 먼저 주고, 다른 친구들에게도 차례로 물을 따라 주었어요. 주노는 정신없이 물을 벌컥벌컥 들이켰어요. 티토는 아이들이 물을 마시는 사이 물수건과 작은 컵을 가져왔어요.

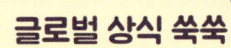

에스파냐라고 불러 줘

'에스파냐(España)'라는 말과 '스페인(Spain)'이라는 말 중 어떤 게 더 익숙하나요? 우리에게는 아무래도 스페인이라는 말이 더 익숙할 거예요. 스페인 여행, 스페인 축구팀, 스페인을 배경으로 한 텔레비전 프로그램도 있었으니까요.

하지만 우리가 알고 있는, 유럽 대륙 끝 이베리아 반도에서는 '에스파냐'라는 명칭을 사용하고 있어요. 스페인은 에스파냐의 영어식 표현이 굳어져 우리에게 알려진 것이지요. 틀린 말은 아니지만 올바른 지칭은 아니에요. 익숙하지 않더라도 올바른 명칭으로 말하는 것! 이것도 글로벌 시대의 매너라고 할 수 있답니다.

에스파냐(이베리아 반도)

"고마워, 덕분에 살았어."

주노의 말에 티토가 시원스레 웃으며 말했어요.

"이걸로 몸을 좀 닦아. 체온을 떨어뜨려야 해. 잘못하다간 열사병에 걸릴지도 몰라. 이것도 같이 먹고."

"이게 뭔데?"

주노가 의심스러운 눈초리로 경계했어요.

"소금이야. 땀을 너무 많이 흘렸을 때는 소금을 약간 먹는 게 좋아."

아이들이 고개를 끄덕였어요.

"너무 더워서 그런지 거리에 사람이 하나도 없더라. 물 한 잔 마시고 싶은데 가게도 모두 문을 닫았더라니까?"

한숨 돌린 주노가 기운이 났는지 상황을 설명하기 시작했어요.

"우리가 어떻게 여기 오게 되었냐 하면 말이지……."

 시에스타 시간

쿵! 쿵! 쿵! 쿵!

서울이와 지구, 다해, 주노가 동시에 엉덩방아를 찧으며 아무것도 없는 공중에서 바닥으로 떨어졌어요.

"아야야! 대체 무슨 일이야."

"엄마! 이 태블릿 PC 이상해요."

아이들은 눈을 부비고 고개를 흔들며 정신 차리랴, 아픈 엉덩이를 문지르랴 저마다 바빴어요. 그러다 가장 먼저 주위를 둘러본 지구가 외쳤어요.

"여기가 어디야?"

그 말에 다들 주위를 살피기 시작했어요. 모든 것을 태워 버릴 듯한 정오의 해가 내리쬐고 있었어요. 햇볕이 얼마나 뜨거운지 머리 바로 위에서 지글지글 끓는 것 같았지요. 넓디넓은 광장과 그 광장을 둘러싸고 있는 하얀 건물들은 생소하기 짝이 없었어요.

저 멀리 종탑에서 종이 뎅뎅 울렸어요. 길에는 개미 한 마리 찾아볼 수가 없었어요. 왁자지껄한 놀이터, 시간 맞춰 오는 학원 버스, 북적이는 상가, 빽빽한 아파트가 익숙한 아이들에게 이 텅 빈 공간과 낯선 고요함은 조금 무섭기까지 했어요.

"난 몰라. 이상한 곳에 왔어!"

주노가 눈물을 글썽였어요. 다른 친구들도 겁이 나기는 마찬가지였어요.

"너무 더운데?"

지구가 땀을 뻘뻘 흘리며 걸치고 있던 셔츠를 벗어 허리에 묶었어요.

다른 친구들도 모두 겉옷을 벗었어요.

"일단 사람을 찾아서 여기가 어딘지 물어보자."

지구가 앞장서자 모두들 더운 것도 잊고 그 뒤를 따라갔어요. 서로 꼭 붙어 있어야 그나마 덜 무서울 것 같았거든요.

서울이는 도대체 무슨 일이 벌어진 건지 알 수가 없었어요. 곰곰 생각에 잠겨 한참을 걸었지요.

주방에서 간식을 준비하던 엄마는 어디로 간 건지, 자신과 친구들이 있는 곳은 어딘지 생각할수록 황당하기만 했어요. 터벅터벅 걷던 서울이는 그제야 자기가 가방을 메고 있다는 것을 알아차렸어요.

"이게 뭐지?"

서울이의 혼잣말에 다들 놀라 우뚝 멈춰 섰어요. 서울이가 가방을 뒤적이자 태블릿 PC가 나왔어요.

'내가 가방을 멨던가? 태블릿 PC는 언제 챙겼지?'

서울이는 어리둥절했어요. 다해가 재빨리 전원을 켰어요. 커다란 화면 한가운데 네 개의 네모 칸이 있고, 칸마다 한 글자씩 글자가 적혀 있었어요.

"낱말 넣기인가?"

서울이가 혼잣말을 했어요.

"시에스타……?"

아리송한 말이었어요. 척척박사 다해조차도 고개를 갸웃거렸어요.

"물어보고 싶어도 아무도 없네!"

친구들은 궁금한 마음을 넣어 두고 우선 사람부터 찾기로 했어요. 그렇게 아이들이 지쳐서 거의 쓰러져 갈 즈음, 운 좋게도 티토를 만났던 거예요.

이야기를 들은 티토가 말했어요.

"당연히 거리에 사람이 없지. 지금은 시에스타를 즐기는 시간이거든. 몰랐어?"

"시에스타?"

"응. 밖이 엄청 덥지? 한낮엔 40℃ 이상 오르기도 해. 그래서 더운 낮에는 일을 쉬면서 점심을 먹고 낮잠을 자. 그걸 시에스타라고 해."

아이들은 그제야 대낮인데도 거리에 사람이 하나도 없던 게 이해가 됐지요.

"오후 네다섯 시부터 일과가 다시 시작돼. 그래서 저녁도 늦게 먹지. 해가 아주 늦게 지거든."

티토의 말에 따르면 에스파냐의 저녁 식사는 9시 무렵에나 시작된다고 해요. 그에 맞춰 식당도 밤 11시~12시까지 운영하는 게 일반적이고요. 하루해가 너무 길기 때문에 낮에는 시에스타를 즐기고, 그만큼 저녁 일과가 미뤄지는 거였지요.

"잠깐, 시에스타라고?"

다해가 갑자기 소리를 내지르더니 태블릿 PC를 펼쳤어요.

에스파냐의 식사 시간

식사는 하루 세 번이라는 고정 관념은 버려도 좋아요. 에스파냐에서는 하루에 다섯 끼를 먹는답니다.

이름	시간	무얼 먹을까?
데사유노	오전 7시~8시	간단한 빵이나 비스킷과 커피.
알무에르소	오전 10시 30분 ~11시 30분	브런치 개념의 가벼운 음식.
코미다	오후 2시	하루 중 가장 중시하는 식사 시간. 고기나 생선을 포함한 메인 메뉴에 디저트까지 코스 요리를 주로 먹는다. 식사 시간은 두 시간 정도. 이야기가 길어진다면 세 시간도 걸린다.
메리엔다	오후 5시	간단히 집어 먹기 좋은 타파스 종류.
세나	오후 8시~9시	본격적인 저녁 식사지만 코미다보다는 간단히 먹는다.

*약간의 시간 차는 있을 수 있어요.

시. 에. 스. 타.

"이것 봐! 티토가 방금 말한 게 이 시에스타 맞지?"

아이들은 다해를 빙 둘러싸고 다해가 든 태블릿 PC를 뚫어져라 쳐다봤어요. 정답을 찾은 것 같았기 때문이에요. 이제 집으로 돌아갈 시간

인가 봐요!

아이들은 한참 동안 태블릿 PC를 바라보면서 무슨 일이라도 벌어지길 기대했어요. 하지만 기대와 달리 아무런 일도 벌어지지 않았어요. 숨죽이고 있던 지구가 한숨을 토해 내며 말했어요.

"휴, 그냥 우연인 걸까?"

그때였어요. 시에스타라고 적힌 네모 칸 아래로 네모 칸 두 개가 스르륵 생기는 게 아니겠어요!

"으아악!"

아이들은 동시에 소리를 질렀어요. 눈을 껌벅이고 보니 새로 생긴 두 칸은 원래부터 있었던 듯 선명해져 있었어요.

"시에스타. 그다음엔 나□□? 타⋯⋯로 시작하는 게 뭐가 있지?"

"타요! 타조!"

"그건 두 글자잖아. '타'를 포함해서 세 글자여야지."

"타⋯⋯. 타⋯⋯."

아무리 머리를 굴려 봐도 '타'로 시작하는 세 글자 단어는 쉽게 떠오르지 않았어요.

"아, 어렵다⋯⋯."

아이들은 시무룩해졌어요. 자신들이 이곳에 온 까닭과 이 태블릿 PC가 분명히 연관되어 있는 것 같았거든요.

삐삐삐, 빈칸을 완성하라!

"이왕 에스파냐에 왔으니, 잠깐 구경이라도 해 볼래? 이제 조금 시원해졌을 거야."

티토의 제안에 아이들도 고개를 끄덕였어요. 밖으로 나가니, 정오의 지글지글 끓는 해와 태워 버릴 듯한 열기는 한층 수그러들었어요. 가게는 문을 다시 열고, 사람들은 이리저리 총총걸음을 옮겼어요.

거리에 활기가 돌았지요. 드넓은 광장 한가운데는 햇볕을 받아 여전히 뜨거웠지만, 그늘에는 사람들이 삼삼오오 모여 있었어요. 흥겨운 음악 소리도 들렸지요. 궁금해진 아이들은 그곳에 가 보기로 했지요.

"와아아아아아!"

음악이 끝나자 박수갈채가 쏟아졌어요. 인파에 둘러싸인 사람은 숨을 헐떡이며 만족스러운 미소를 지었어요. 새빨갛고 긴 물결 모양 주름 치마에 머리에 꽃을 꽂은 모습은 매우 독특하면서도 아름다웠어요. 티토가 자랑스럽게 말했어요.

"에스파냐의 전통 춤인 '플라멩코'야."

다음 곡이 시작되자 아이들은 입을 벌리고 공연에 빠져들었어요. 격렬하고 빠른 음악과 온몸을 사용하는 매혹적인 춤사위에 눈을 뗄 수 없었지요. 좋아하던 아이돌 가수의 무대와는 또 다른 느낌의 전율과 감동을 느낄 수 있었어요.

"꼬르륵."

감동의 순간, 지구의 배꼽시계가 신호를 보내왔어요. 아이들은 얼굴을 마주 보며 깔깔 웃었어요. 이곳에 온 후 아무것도 먹지 못했다는 것을 그제야 깨달

에스파냐 전통 춤 플라멩코

았지요.

"이제 뭐 좀 먹으러 갈까?"

티토의 제안에 아이들은 기쁨을 감추지 못했어요. 지구뿐 아니라 다들 몹시 허기졌거든요.

티토를 따라 작은 가게에 도착한 아이들은 메뉴판을 한참 들여다보다 결국 티토의 추천을 따르기로 했어요. 티토는 골똘히 생각하더니 이것저것 주문했어요. 아기자기한 접시에 한입 크기의 음식들이 다양하게 나왔어요.

"이건 가스파초고, 이건 하몬 이베리코야."

차가운 수프와 햄이었어요. 아이들은 맛있게 먹었어요. 그 외에도 감자튀김인 파타타스 브라바스, 새우를 올리브오일에 익힌 감바스 알 아히요, 감자오믈렛인 토르티야 데 파타타도 있었어요.

"이건 칼라마레스야."

칼라마레스는 다름 아닌, 오징어튀김이었어요. 순간 주노는 학원이 끝나고 친구들과 패스트푸드점에서 먹던 오징어링이 생각났어요. 그러고 보니 토르티야 데 파타타는 마치 엄마가 해 주신 감자전 같았지요.

"흑."

주노는 갑자기 눈물이 났어요. 즐거운 공연과 맛있는 음식이 불안한 마음을 잠깐 잊게 해 주었지만, 두려운 마음이 사라진 것은 아니었나 봐요. 이러다 정말 집에 못 돌아가면 어떡하죠?

당황한 티토가 말했어요.

"울지 마, 주노. 분명히 방법이 생길 거야. 대신 든든하게 먹어 둬! 그래야 힘이 나지. 타파스라면 얼마든지 더 시키면 되니까."

티토의 말에 훌쩍이던 주노가 고개를 들고 물었어요.

"타파스?"

"응, 타파스. 지금 우리가 먹은 것들이 바로 타파스야. 타파스는 식전에 먹는 간단한 요리를 말하는데, 저녁 식사 시간이 늦은 에스파냐에서는 본격적인 저녁을 먹기 전에 타파스로 허기를 달래거든."

아이들의 눈이 휘둥그레졌어요.

"이게 타파스라고?"

그때였어요. 삐삐삐 알람 소리가 울렸지요. 서울이가 부랴부랴 주머니에서 태블릿 PC를 꺼냈어요.

'서둘러 빈칸을 완성하시오. 10, 9, 8, 7, 6······.'

서울이는 서둘러 '시에스타' 아래로 새로 생긴 빈칸에 '파스'라는 두 글자를 써 넣었어요.

번쩍! 써 넣은 글자가 눈부신 빛을 쏘았어요.

"빈칸이 또 완성됐어!"

아이들은 흥분했어요. 우연이 아니었어요! 갑작스러운 여행과 이 태

블릿 속의 낱말 넣기가 연관이 있는 게 분명했어요. 빈칸이 완성된 태블릿에는 다음과 같은 지시문이 나타났어요.

'주사위 버튼을 누르시오.'

아이들은 티토와 미리 작별 인사를 했어요. 왠지 주사위 버튼을 누르면 다시는 티토를 만나지 못할 것만 같았거든요.

티토는 아쉬워하며 말했어요.

"자고 가도 되는데. 이제 곧 밤이 될 거야."

다해가 미안해하며 말했어요.

"고마워, 티토. 하지만 이제 집으로 가야지. 엄마 아빠가 걱정하실 거야."

"오늘 정말 고마웠어!"

아이들은 저마다 고마움과 아쉬운 마음을 담아 인사를 나눴어요. 서울이가 긴 심호흡을 했어요. 그러고는 주사위 버튼을 힘껏 눌렀어요!

세계 문화 지역 알아보기

'문화 지역'이란 비슷한 문화를 가진 지역을 아울러 이르는 말이에요. 문화 지역을 나누는 기준은 지리, 언어, 민족, 풍습, 종교 등 다양해요. 세계 문화 지역은 다음 열 가지로 구분할 수 있는데, 여러 가지 기준을 가지고 서로 비슷한 지역끼리 묶은 것이에요. 이러한 지역 구분으로 그 지역의 구체적인 모습을 알 수는 없지만, 문화 간 대략적인 차이를 알아보는 데는 도움이 된답니다.

북극 문화 지역
북극해 연안의 툰드라 지역이 중심이 되며, 추운 기후에서 살아남기 위해 독특한 생활 방식이 형성됐어요.

앵글로 아메리카 문화 지역
유럽에서 온 이민자들이 세운 나라인 만큼 유럽 문화 지역의 영향을 많이 받았어요. 한때 유럽 문화 지역의 식민지였으나 독립 후 정치적, 경제적으로 발전하면서, 오늘날 세계 무대에서 독보적 지위를 자랑하고 있어요.

라틴 아메리카 문화 지역
남부 유럽의 식민 지배를 받으면서 기존 원주민의 문화에 남부 유럽의 문화가 섞인 독특한 문화를 형성했어요. 주로 가톨릭교를 믿으며 에스파냐어나 포르투갈어를 사용하지요.

아프리카 문화 지역
사하라 사막 이남 지역을 칭하며 부족별로 공동체 생활을 하는 곳도 있어요. 종족과 언어가 다양하나, 이를 고려하지 않은 제국주의 시대 서구 열강의 분할로 인해 오늘날까지 각종 분쟁이 끊이지 않고 있어요.

유럽 문화 지역
유라시아 대륙의 중간을 아우르는 지역으로, 산업 혁명의 발상지인 영국 등이 포함되어 있어요. 일찍 산업화를 이루어 부유한 나라가 많아요. 종교적으로는 크리스트교가 정신적 뿌리예요.

이슬람 문화 지역
대부분 이슬람교를 믿고 아랍어를 사용하며 건조 기후 지대이기 때문에 전통적으로 유목과 오아시스 농업을 했어요. 일부 지역은 유럽과 아시아의 중간에 위치하여 상업이 발달하였으며 대륙 간 연결 고리 역할을 했지요.

동아시아 문화 지역
한국, 중국, 일본이 속한 문화 지역으로 유교와 불교가 발달했어요. 한자를 사용했으며 벼농사를 짓고 젓가락을 사용하는 등의 공통점이 있답니다.

동남아시아 문화 지역
무덥고 습한 날씨로 인해 벼농사가 발달했어요. 중국과 인도 사이에 위치하면서 두 나라의 영향을 많이 받았으며 인종과 언어가 다양해요.

인도 문화 지역
대부분 힌두교를 믿으며 불교의 발상지이기도 해요. 엄격한 카스트 제도가 사회 전반을 통제했는데, 현재 법으로 금지되었음에도 사회적으로 여전히 영향을 끼치고 있지요.

오세아니아 문화 지역
일부 원주민 문화가 남아 있지만 이곳 역시 유럽 문화 지역의 이민자들에 의해 나라가 형성되면서 영어를 쓰고 크리스트교를 믿는 등 유럽 문화의 영향이 강하게 남아 있어요.

토론왕 되기!

문화 지역이 나뉜 까닭은 무엇일까?

최초의 인류는 아프리카 지역에 살던 사람이라는 거 알고 있나요? 아프리카 남동부에서 탄생한 인류는 유럽-아시아-아메리카 등 다른 대륙으로 퍼져 나갔어요. 그리고 각 지역에 정착해서 개별적인 문화를 만들어 내기 시작했지요. 인류의 뿌리는 결국 하나인데 어떻게 그렇게 다양한 문화 지역이 만들어진 걸까요?

먼저 지리나 기후 등 환경적 요인에서 찾을 수 있어요. 우선 지리적 요인을 살펴볼까요? 커다란 산맥이나 바다, 강, 사막 등이 문화 차이를 만드는 대표적 지리 조건이에요. 이렇게 험난한 곳은 왕래가 어렵기 때문에 상호 교류가 원활할 수 없지요. 자연히 각자 다른 문화가 발전하게 돼요. 알프스산맥이나 히말라야산맥, 고비 사막, 사하라 사막 등을 지도 위에서 찾아보세요. 나라와 나라의 경계가 되었을 뿐만 아니라 문화 차이까지 만들어 냈음을 알 수 있답니다. 그러니 섬으로 된 곳은 말할 것도

몽골의 게르

없지요.

기후도 문화 차이를 만들어 내요. 고온 다습한 곳과 건조한 곳, 추운 곳과 더운 곳을 생각해 보면 대표적인 몇몇 나라들이 바로 머릿속에 떠오를 거예요. 동남아시아의 수상 가옥, 북극의 이글루, 초원 지대의 게르, 동북아시아의 기와집과 초가집 등은 모두 자신들이 속한 기후에 적응하면서 발전시킨 문화적 특징이랍니다.

하지만 문화 지역과 문화 지역 사이가 무 자르듯 나뉜 것은 아니에요. 그 사이에는 '점이 지대'라는 것이 존재하지요. 점이 지대란 비슷한 지역끼리 묶었을 때 양쪽의 특성이 모두 나타나는 중간 지역을 말해요. 따라서 같은 문화 지역에서도 다른 문화 지역과 어떤 관계를 맺고 있느냐에 따라 문화 차이가 발생한답니다.

이글루

태국의 강가 집

선 긋기

다음은 에스파냐의 식사 시간과 그에 붙여진 이름입니다. 연관된 것끼리 선을 그어 보세요.

1 데사유노	**가** 오전 10시 30분~11시 30분
2 세나	**나** 오후 2시
3 코미다	**다** 오후 5시
4 알무에르소	**라** 오전 7시~8시
5 메리엔다	**마** 오후 8시~9시

도대체 하루에 몇 끼를 먹는 거야?

정답: ①라, ②마, ③나, ④가, ⑤다

🔔 인도 바라나시에서 만난 아룬

쿵! 쿵! 쿵! 쿵!

이번에도 서울이와 다해, 지구와 주노는 엉덩방아를 찧으며 떨어졌어요.

"아야!"

아이들은 외마디 비명을 질렀지만, 아픈 것도 잊은 채 눈을 크게 뜨고 두리번거렸어요. 집으로 돌아왔기를 간절히 바라면서요.

"음매, 음매."

그러나 바람과는 달리 웬 송아지가 얼굴에 코를 바짝 들이대고는 훅훅 더운 김을 내뿜었어요. 아이들은 기겁을 하며 벌떡 일어났어요. 비쩍 마른 소와 송아지들이 아이들 주위를 뱅뱅 맴돌고 있었어요.

"여기는 또 어디야……?"

서울이가 풀이 죽어 말했어요.

"킁킁, 이건 무슨 냄새야?"

다해가 코를 벌름거렸어요. 덩달아 아이들도 코를 벌름거리고 살펴보니 아이들 옷이 온통 진흙 범벅, 아니 소똥 범벅인 게 아니겠어요! 떨어져도 하필, 소똥 무더기 위로 떨어지다니. 아이들은 울상이 되었어요. 깔끔쟁이 주노는 울기 직전이었지요.

2장 사람 사이에 계급이 있다고?

"킥킥."

그때 한 아이가 친구들의 몰골을 보고 재밌다는 듯 웃으며 다가왔어요. 지구가 약이 올라 소리쳤어요.

"뭐가 웃겨?"

지구의 외침에 아이는 기가 죽은 듯 어깨를 움츠렸지만, 두세 발짝 떨어져서는 계속 킥킥대며 주위를 맴돌았어요.

"너 누구니? 여긴 어디야? 그만 웃고 좀 도와줄래?"

다해가 엉망이 된 두 손과 옷을 가리키며 영어로 말을 걸었어요. 다행히도 아이는 영어를 잘했어요.

"여기는 인도 바라나시. 내 이름은 아룬이야. 나는 아그라에서부터 부모님과 순례를 왔어. 소똥을 으깨 벽에 바르는 건 봤어도 몸에 바르는 건 처음 봐서 너무 웃기지 뭐야."

아룬은 머쓱한 표정을 지으면서도 입가에서 웃음을 지울 수 없었어요. 재밌어 하는 아룬과 달리 아이들은 정신이 아뜩했어요.

"집으로 돌아가는 줄 알았는데, 이번엔 인도라니!"

서울이는 서둘러 태블릿 PC를 꺼냈어요. 이 태블릿 PC가 서울이와 친구들을 여기로 이끈 게 분명했어요. 한편 다해는 조금 신이 났어요. 그동안 부모님을 따라 많은 나라를 가 봤지만 인도는 처음이었거든요. 예상했던 대로 태블릿 PC 화면 속 빈칸은 더 늘어나 있었어요. 게다가

소를 숭상하는 힌두교

글로벌 상식 쑥쑥

인도 사람들은 소를 매우 신성한 동물로 여겨요. 소는 인도인들이 믿는 신과 깊은 연관이 있거든요. 인도인들이 숭상하는 파괴의 신 '시바'는 '난디'라는 흰 소를 탄 모습이에요. 난디는 시바에게 도움을 준 동물로, 시바 신전에는 꼭 흰 소 동상이 있지요. 또 크리슈나라는 신은 자비의 신이자 암소를 보호하는 신이기도 해요.

그렇다면 힌두교의 신들은 왜 이렇게 소를 아꼈을까요? 거기에는 역사적 이유가 있어요. 인도가 농업 국가로 자리 잡으면서 소는 농사일에 매우 중요한 수단이었어요. 우유와 치즈 같은 먹거리를 생산할 뿐만 아니라 소똥은 연료로도 쓰였지요. 이처럼 소는 생활에 꼭 필요한 수단이었기 때문에 함부로 잡아먹게 두어선 안 됐어요. 그래서 소를 신성한 동물로 여기도록 교리를 만들고 소의 개체 수를 보호한 것이랍니다.

'빈칸을 모두 채우시오.'라고 써 있었지요.

"빈칸이 뭐 이리 많아!"

지구가 기겁을 하고 말했어요. 서울이는 에스파냐에서의 기억을 되새기며 생각했어요.

'에스파냐에서 티토가 그랬듯 이번에는 아룬이 우리 여행의 길잡이가 되어 줄 거야.'

서울이가 아룬에게 물었어요.

"너는 이곳까지 무슨 일로 왔어?"

아룬은 깜짝 놀라더니, 외국인이라면 그럴 수 있겠다는 듯 친절하게 설명했어요.

"이곳 바라나시는 힌두교에서 가장 신성하게 여겨지는 도시야. 힌두교를 믿는 인도인이라면 누구나 이곳을 순례하고 싶어 하지. 그나저나 너희 좀 씻어야 하지 않겠어?"

아룬의 마지막 말에 주노가 반색했어요.

"씻을 데가 있을까?"

"여기서 조금만 걸어가면 신성한 강이 있어. 그곳에서 사람들은 기도도 하고 목욕도 하지. 너희들도 기왕 여기까지 왔으니 그곳에서 목욕하는 게 좋겠어."

'목욕'이라는 말에 주노는 날아갈 것 같았어요. 물을 좋아하는 주노는 목욕도 수영도 아주 좋아했거든요.

신성한 강, 갠지스

강가로 가는 길은 사람들로 북적였어요. 순례를 온 힌두교인과 관광객, 이들을 상대하는 장사꾼이 마구 뒤엉켰지요.

"여기야."

아룬의 뒤꽁무니만 보며 쫓아가기 정신없던 친구들이 아룬의 말에 고개를 들었어요. 그리고 입을 떡 벌리고 말았지요. 세상에나! 지금까지 헤

치고 온 인파와는 비교도 되지 않을 만큼 수많은 사람들이 강가를 가득 메우고 있었어요. 끝이 안 보일 정도로 길게 늘어진 강줄기와 강변을 가득 채운 사람들로 정신이 하나도 없었지요. 그래도 주노는 아랑곳 않고 빨리 씻고 싶어 안달이 났어요. 아룬이 다시 앞장서 길을 만들었어요.

"이쯤이면 되겠다."

아룬이 가리키자 주노는 뒤도 돌아보지 않고 강물로 풍덩 뛰어들었어요. 그러고는 잠시 후 꽥 소리를 질렀지요.

"무슨 일이야? 왜 그래?"

지구가 악어라도 나타났냐는 표정으로 말했어요. 주노가 물속에서 서둘러 나오며 말했어요.

"여기 쓰레기 좀 봐! 여기서 대체 어떻게 목욕하라는 거야?"

"뭐라고?"

지구와 서울이가 들여다보니 정말이었어요. 강물은 흙탕물보다 나을 게 없어 보였고 쓰레기가 둥둥 떠다녔어요. 빨래하는 사람도 있었고 저 멀리 소 떼가 수영하는 것도 보였어요. 지구는 화가 치밀었어요.

"야! 너 우리를 골탕 먹이려는 거지? 기분 나쁘게 웃을 때부터 마음에 안 들었어!"

지구가 당장이라도 한 대 칠 듯 주먹을 들이대며 씩

씩거렸어요.

"그러지 마, 지구야!"

서울이가 지구의 팔을 붙잡았어요. 아룬은 억울하다는 듯이 중얼거렸어요.

"내가 너희를 왜 속이겠어. 이쪽을 봐. 이곳에서 사람들이 다 목욕하고 있잖아……."

다들 아룬이 가리킨 곳을 바라보았어요. 정말이었어요. 어른도 아이도 강 속에 뛰어들어 머리부터 물을 끼얹고 있었어요. 심지어 두 손으로 떠 마시는 사람도 있었어요.

친구들은 눈으로 보고도 믿을 수가 없었어요. 특히 이 광경이 이해되지 않는 것은 주노였어요. 찝찝하기 그지없는 자신과 달리 다른 사람들은 오히려 행복하고 기뻐 보였으니 말이에요.

"이 사람들은 도대체……."

씩씩대던 지구가 말끝을 흐렸어요. 그때 다해가 무엇인가 생각났다는 듯 말했어요.

"아룬, 혹시 이 강이 갠지스강이야?"

다해의 말에 아룬이 눈을 크게 떴어요.

"맞아! 갠지스! 힌두교에서 가장 신성하게 여기는 강이야!"

낯선 외국인이 갠지스를 알고 있는 것이 자랑스럽다는 듯 아룬의 얼굴이 밝아졌어요. 갠지스강은 힌두교인들이 성스러운 강이라고 믿는 곳이래요. 이 강물에서 목욕하면 모든 죄를 용서받을 수 있다고 믿기 때문에 힌두교인들은 이곳에서 목욕하는 것이 평생의 꿈이지요. 심지어 화장한 뼛가루를 이 강에 뿌리면 다시 태어나지 않고 극락에 갈 수 있다고 믿기 때문에 강가 주변에는 화장장도 있다고 해요. 병들고 나이 든 사람들은 이곳에서 생의 마지막을 맞이하기 위해 지친 몸을 이끌고 일부러 찾아온다고도 알려 주었어요.

아이들은 그제야 행복한 얼굴로 목욕하는 사람들의 표정이 조금은

갠지스강에서 목욕하는 인도인들

이해가 되었어요. 그렇지만 여전히 그 물에 직접 뛰어들 마음은 생기지 않았지요. 아이들은 급한 대로 손만 대충 씻고는 강가 계단에 걸터앉았어요.

그렇게 네 명이 나란히 앉아 목욕하는 사람들, 빨래하는 사람들, 강물에 초를 띄우며 소원을 비는 사람들을 바라보았어요. 왠지 자신들의 마음도 경건해지는 것 같았지요.

한참 넋을 놓고 있던 다해가 번뜩 생각난 듯 말했어요.

"서울아, 태블릿 PC 줘 봐! '스'로 끝나는 낱말은 '갠지스' 아닐까?"

다해의 말이 그럴듯해 아이들은 고개를 끄덕였어요. 다해는 조심스럽게 빈칸에 '갠', '지' 두 글자를 넣어 '갠지스'를 완성했어요. 새로 입력한 글자가 크게 한 번 번쩍였어요.

"정답인가 봐!"

아이들이 신이 나서 소리쳤어요.

"좋아, 나머지도 빨리 찾아 채워 넣자!"

희망이 샘솟았어요. 아이들이 웃자 아룬도 따라 웃었지요.

아룬은 아이들을 자신의 숙소로 데려갔어요. 다행히 아룬의 부모님도 반갑게 아이들을 맞아 주었어요. 아룬의 방에는 아룬이 믿는 힌두신의 조각상이 놓여 있었어요. 아그라에서부터 가져왔다고 했지요.

"아그라는 뭐가 유명해?"

글로벌 상식 쑥쑥

인도에서는 왼손과 오른손의 역할이 다르다고?

인도 사람들은 오른손과 왼손을 철저히 구분해서 사용해요. 오른손은 식사나 인사를 위해 사용하는 것이고, 왼손은 화장실용으로 사용하는 더러운 손이라고 생각하지요. 그래서 인도 사람과 만났을 때는 오른손을 사용하는 것이 좋아요. 최근에는 이런 문화가 없어지는 추세이기는 하지만, 그래도 여전히 이것을 민감하게 받아들이는 인도 사람도 많아요. 그러므로 악수를 할 때는 꼭 오른손으로 해야 해요. 또 우리나라도 그렇지만 특히 인도 사람들은 발을 불결하게 여겨요. 발로 다른 사람을 가리켜도 안 되고, 실수로 다른 사람의 신체에 발이 닿으면 꼭 사과해야 해요. 물론 인도가 아니어도 발로 사람을 가리키는 행동은 적절한 에티켓이 아니겠지요.

손바닥 혹은 손가락으로 상대방을 가리켜도 안 되고, 자기 엉덩이에 손을 올리는 행동도 하면 안 돼요. 상대를 공격하려는 자세로 비칠 수 있다고 해요.

상대방의 머리를 만지는 것도 예의에 어긋나는 행동이므로, 친한 사이여도 하지 않는 게 좋아요.

인도에 홀딱 빠진 다해가 물었어요. 고향 이야기가 나오자 아룬이 으쓱한 얼굴로 가족사진 한 장을 내밀었어요.

"타지마할이다!"

다해가 외쳤어요. 다해가 처음으로 인도라는 나라에 관심을 갖게 된 까닭이 바로 타지마할 때문이었어요. 아빠의 서재에서 우연히 본 타지마할 사진 한 장이 다해의 마음을 온통 빼앗았거든요.

"타지마할이 네 고향에 있었구나."

다해가 부러운 듯 말했어요. 아룬이 고개를 끄덕였어요.

"실제로 보면 얼마나 아름다운지 몰라. 아침 해가 뜰 때도, 저녁 해를 받을 때도 모두 거대한 예술 작품이지."

다해가 아룬의 이야기에 푹 빠진 동안 옆에서 같이 듣고 있던 서울이는 남몰래 태블릿 PC를 꺼내 '타' 옆의 빈칸 세 개에 '지', '마', '할'이라고 적었지요. 그러고는 자랑스럽게 외쳤어요.

"얘들아, 이것 봐!"

'타지마할' 네 글자가 크게 한 번 번쩍였어요. 서울이의 예상이 맞았던 거예요. 아이들은 서로의 어깨를 감싸 안고 즐거움의 환호성을 질렀어요. 지구는 상의 없이 빈칸을 채운 서울이가 내심 마땅찮았지만 내색하지는 않았어요. 그렇게 정신없는 하루가 저물어 갔어요. 아이들은 침대에 눕자마자 정신없이 곯아떨어졌어요.

 하지만 서울이는 잠자리에 들어서도 좀처럼 잠이 오질 않았어요. 지금까지 임기응변으로 잘 대처해 왔지만 앞으로도 그럴 것이라고 장담할 수는 없었어요.
 '빛과 어둠의 보드게임입니다. 조심히 다루시오. 빛이 있으면 어둠이

있습니다. 그 어둠을 깨야 비로소…….'

 게임에 접속하는 순간 화면에 나타났던 문구가 자꾸 떠올랐어요. '어둠'이라는 단어 때문에 앞으로의 여행이 순탄하지 않을 수도 있다는 예감이 들었지요.

까만 방에 갇히다

 다음 날 아침, 아이들은 상쾌하게 일어났어요. 간밤에 잠을 설친 서울이만 빼고요. 아룬은 벌써 일어나 새벽 기도를 마치고 아침 식사를 들고 들어왔어요. 그때 밖에서 시끄러운 소리가 들려왔어요. 아이들은 아침을 먹다 말고 귀를 쫑긋 세웠지요.

 아룬도 긴장한 듯 바깥을 내다보았어요. 웬 낯선 사내들이 와서 소리를 지르며 아룬의 부모님을 밀치는 게 아니겠어요? 아룬이 깜짝 놀라 달려가자, 아이들은 더 이상 구경만 하고 있을 수 없었어요. 곧바로 방문을 박차고 나가 마구 소리를 질렀어요.

 "무슨 일이에요! 왜 그러세요, 아저씨!"

 "아룬이 맞을 뻔했잖아요! 어린이를 때리면 어떡해요!"

　낯선 사내들은 갑자기 튀어나온 외국 아이들이 알아듣지 못할 말로 항의를 해 대니 당황한 듯 주춤거렸어요. 그러면서 주변을 살폈지요. 아마 아이들의 부모가 함께 있을지 모른다고 생각한 것 같았어요. 괜히 외국인과 엮여 골치 아플 필요 없다는 듯 사내들은 궁시렁거리며 돌아갔어요. 아이들이 아룬과 아룬의 부모님에게 다가갔어요.

　"아룬, 괜찮아? 다들 괜찮으세요?"

2장 사람 사이에 계급이 있다고?

아이들의 말에 아룬의 부모님은 고개를 끄덕였어요. 아룬이 눈물을 글썽이며 말했어요.

"우리가 좋은 숙소를 쓰는 게 불만인 거야, 저 사람들은……."

"저 사람들이 무슨 상관인데?"

아이들은 이해가 가질 않았어요. 아룬이 설명해 주었어요.

"사실 우리는 수드라 계급이야. 하지만 아빠, 엄마는 누구보다 노력하셔서 좋은 직업을 가지셨어. 그 덕분에 이렇게 좋은 숙소도 빌릴 수 있었고. 하지만 저들에게 우리는 여전히 수드라 계급이거든……."

아룬의 말에 따르면 인도에는 카스트라는 신분 제도 관습이 있다고 해요. 우리나라의 족보처럼 인도에서는 각각의 자티(가문)가 대대로 카스트에 속해 있기 때문에 이름만 봐도 어느 카스트인지 알 수 있대요. 그리고 3500개가 넘는 자티를 브라만, 크샤트리아, 바이샤, 수드라의 네 등급으로 묶은 것이 바르나라고 해요. 아예 계급에 들지도 못하는 달리트라는 불가촉천민도 있대요.

오늘날 카스트에 따른 차별은 법으로 금지됐지만, 사람들의 의식이 충분히 개선되지 못해서 때로 이런 불상사가 벌어지기도 한대요. 엄격하게 카스트에 의해 구분되던 시절에는 카스트를 넘나드는 결혼이나 다른 카스트의 직업을 갖는다는 것이 불가능했대요. 아룬네 부모님이 차별을 극복하기 위해 얼마나 노력했을지, 상상도 하기 어려웠지요.

"난 부모님이 자랑스러워."

아룬의 말에 아룬의 부모님이 아룬을 꼭 껴안았어요. 다해는 갠지스강에서 보았던 사람들을 떠올리며 생각했어요.

'종교 때문에 성스러웠던 사람들이 종교로 인해 다른 사람을 차별할 수도 있구나…….'

서울이도 비슷한 생각을 했어요. 그러면서 어젯밤 내내 머릿속을 맴돌던 문구를 떠올렸지요.

'빛이 있으면 어둠이 있다……. 그렇다면?'

서울이는 그 문구가 가리킨 어둠이 카스트일 것만 같았어요. 태블릿 PC의 빈칸에 얼른 '카', '스', '트'라고 적어 넣고 가만히 기다렸지요. 하지만 이번에는 아무런 변화도 일어나지 않았어요. 그때 그 모습을 흘깃 본 지구가 소리쳤어요.

"야! 쎄울! 너 뭐 하는 거야!"

"어, 어?"

당황한 서울이가 더듬거리는 사이, 태블릿 PC는 삐삐삐삐삐삐 요상한 경고음을 내뱉기 시작했어요. '오답입니다. 오답입니다. 오답입니다.' 사방은 점점 검은 칠을 한 듯 까맣게 변해 갔어요. 방금 전 먹다 만 아침 식사도, 잠을 잔 침대도, 아룬네 부모님도, 아룬도, 그리고 갠지스강도, 인도도…….

눈 깜짝할 사이에 아이들은 새까만 방에 갇혀 버렸어요. 아니, 사실 방이 아니라 새까만 허공이었어요. 아무리 달려가도 벽이 만져지지 않았고, 발을 굴러도 땅이 느껴지지 않았어요. 아이들은 허공에서 허우적댔어요.

"어떻게 된 거야!"

아이들이 소리쳤어요. 지구는 서울이가 제멋대로 빈칸을 채워 넣은 바람에 일이 이렇게 되었다고 생각했지요.

"박서울, 너 때문이야!"

서울이도 가만있지 않았어요. 평소 지구가 자신을 '쎄울'이라며 놀려 대던 것도 불만이었는데, 모든 책임을 자신에게 떠넘기는 것 같아 더욱 화가 났어요.

둘은 당장 서로에게 주먹질이라도 할 듯 방방 뛰었어요. 하지만 깜깜한 어둠 속이라 서로가 어디에 있는지조차 알 수 없었지요.

"그만 좀 해!"

주노가 빽 소리를 질렀어요. 그러고는 덧붙였어요.

"강지구! 자꾸 친구한테 함부로 굴 거야? 우린 친구잖아! 그리고 박서울! 왜 혼자 결정해? 같이 의논해야지! 이건 혼자서 하는 모험이 아니잖아!"

주노의 말이 모두 맞았기 때문에 지구와 서울이는 할 말이 없었어요.

골똘히 생각에 잠겼던 다해가 덧붙였어요.

"침착해. '갠지스'도 '타지마할'도 아룬과 연관이 있었잖아. 혹시 빈칸에 들어갈 말이 '수드라' 아닐까?"

다른 방법이 없었기 때문에, 아이들은 다해의 제안을 받아들였어요. 조심스럽게 빈칸에 '수', '드', '라'라고 써 넣었지요. 이번에도 틀린다면! 어떤 일이 벌어질지 생각도 하고 싶지 않았어요.

아이들은 숨을 죽였어요. 잠시 후 태블릿 PC에서 어느 때보다도 커다란 빛이 터져 나와 아이들의 눈앞을 아득하게 만들었어요.

세계 각국의 종교 이야기

선사 시대부터 인간은 종교를 만들고, 종교에 의지해 왔어요. 부족마다 각자 믿는 동물이나 물건이 있었지요. 이를 토테미즘이라고 해요. 이러한 초기 형태의 종교는 인류의 발전과 함께 사상적, 형식적으로 심화되었어요. 처음에는 개인의 안전과 복을 바라는 수준이었던 종교의 포용 범위가 확장되었지요. 그 과정에서 '세계 종교'가 나타났답니다. '민족 종교'가 특정 민족이나 국가에 한정적이고 그 외에 배타적인 종교라면 '세계 종교'는 인류 전체를 아우르는 특징이 있어요. 대표적인 종교가 크리스트교, 이슬람교, 불교 등이랍니다. 계급과 인종을 막론하고 신 아래에서 평등하다고 주장하기 때문에 이러한 종교들은 여러 나라 다양한 민족에 의해 받아들여졌어요.

크리스트교(그리스도교)

유일신 하느님과 그의 외아들 예수를 구세주로 믿는 종교예요. 처음에는 배척받았으나 후에 로마 제국의 국교가 되었고, 그때부터 유럽 문화 전반에 뿌리 깊은 영향을 끼쳤어요. 이후 식민지 시대를 거치며 크리스트교가 전파되면서 세계에서 가장 많은 이들이 믿는 종교가 되었답니다.

크리스트교는 8세기 그리스 정교회와 로마 가톨릭으로 분리되었으며, 16세기 유럽의 종교 전쟁을 거치면서 구교와 신교, 즉 가톨릭과 개신교로 분리되었어요.

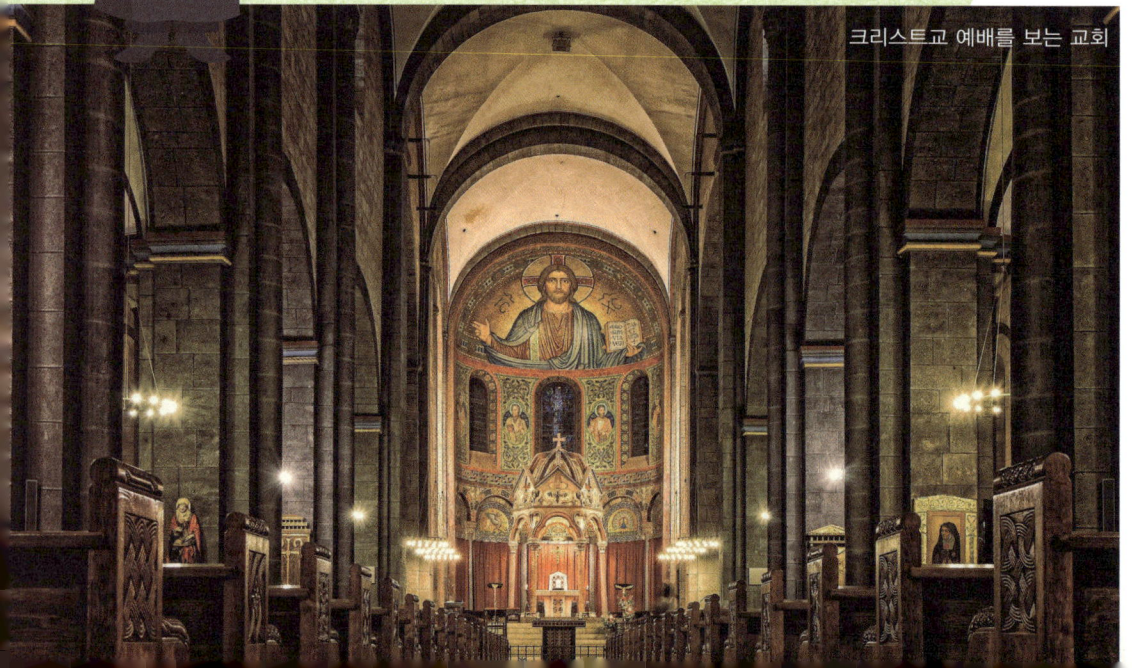

크리스트교 예배를 보는 교회

불교

불교의 창시자인 석가모니는 고타마 싯다르타라는 이름을 가진, 인도에 있던 작은 나라의 왕자였어요. '생로병사'에 직면하여 고뇌하다, 자신의 지위를 버리고 수행의 길로 들어서셨지요. 보리수나무 아래서 명상을 통해 깨달음을 얻었다고 해요. 동북아시아와 동남아시아에 큰 영향을 끼쳤는데, 최근에는 유럽이나 미국에서도 신자가 늘고 있어요.

불교를 믿고 수행을 하는 수도승들

이슬람교

유일신 하느님과 예언자 무함마드를 믿는 종교예요. 유일신을 알라로 부르며 그의 가르침인 쿠란을 성서로 삼고 있어요. 중동 및 아프리카 북서부 대륙에 신자가 많으며, 대체로 종교가 일상 전반을 강력하게 통제하고 있다는 특징이 있어요.

힌두교

인도 신화를 기반으로 하는 종교로, 전 세계 인구의 15% 이상의 신자가 있다고 해요. 크리스트교와 이슬람교가 유일신을 믿는 것과 달리 힌두교에서 믿는 신은 무려 3억 3천만이나 됩니다. 원형은 브라만교로, 아리아 민족의 다신교가 발전한 형태이며 고대 불교에도 많은 영향을 미쳤어요. 소를 신성시하기 때문에 절대 먹지 않아요.

유일신 알라를 믿는 이슬람교 신자들

토론왕 되기!

계급 제도는 문화일까, 악습일까?

세계에는 정말 다양한 문화가 있어요. 나와 다른 문화를 갖고 있어도 그것을 비하하거나, 우습게 생각해서는 안 돼요. 무작정 우러러볼 필요도 없어요. 문화는 사람들이 써 내려간 역사이자 삶의 흔적이지 우열을 나눌 수 있는 대상이 아니에요.

하지만 '있는 그대로' 다른 문화를 바라보다 보면 다음과 같은 문제에 부딪히게 돼요.

인도 카스트는 오랜 시간 인도 사람들의 삶을 통제해 온 제도로, 브라만-크샤트리아-바이샤-수드라 네 계층으로 이루어져 있어요. 그리고 카스트에 아예 들어가지도 못한 불가촉천민, '달리트'도 있지요. 불가촉천민이라는 말은 너무 천하고 더럽기 때문에 닿아서도 안 된다는 뜻이에요.

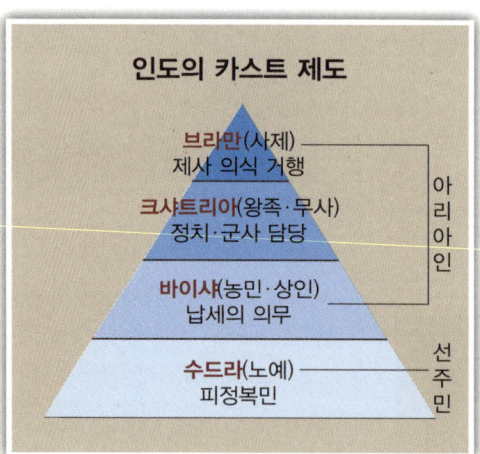

카스트 제도는 사람들의 직업부터 주거 공간, 혼인 등 인도인의 삶 전반에 걸쳐 영향을 끼쳤어요. 주로 '금기'를 설정하는 형태로요.

또 다른 문화를 살펴볼까요? 사우디아라비아에서는 여성을 '미숙한' 존재로 여겨 성인 여성이라 할지라도 미성년자와 법적 지위가 똑같아요. 그래서 남성의 보호가 있어야만 사회생활을 할 수가 있어요. 심지어 외출을 할 때도 말이지요. 이슬람 원리주의를 채택한 국가들은 이보다 더 심하게 여성의 삶을 통제하는 경우도 있다고 해요.

이런 경우 우리는 어떤 입장을 취해야 할까요? 다른 문화이므로 있는 그대로 바라보고 인정해야 할까요? 그러기에는 너무 불합리하고 차별적인 제도라고 느껴지지 않나요?

다른 문화를 이해하고 인정할 때 꼭 전제되어야 할 조건이 있어요. 바로 '인권'이지요. 제도나 풍습이 '인간이라면 누구나 태어날 때부터 부여받는 기본적인 권리'인 '천부 인권'을 침해하지 않아야 해요.

계급에 따라 사람들을 나누고 차별하는 카스트 제도나 여성을 남성보다 열등하게 여기는 풍습을 인권 차원에서 생각해 보고, 다른 나라의 문화를 어떻게 받아들여야 할지 이야기해 보세요.

항상 히잡을 쓰고 생활해야 하는 이슬람 여성들

글로벌 퀴즈

다음 중 인도의 문화적 특징이 아닌 것을 고르세요.

1. 타지마할

2. 갠지스강

3. 소 숭상 문화

4. 플라멩코

5. 시바 신

🎲 케이 팝 팬 트리나를 만나다

쿵! 쿵! 쿵! 쿵!

아이들은 다시 한번 인상을 찌푸리며 엉덩이를 문질렀어요. 그래도 다행이었어요. 한 치 앞도 안 보이던 칠흑 같던 허공은 벗어났으니까요. 아이들은 방금 전 상황을 떠올리며 안도의 한숨을 내쉬었어요.

다해의 말대로 빈칸에 '수드라'라고 쓰자, 새하얀 빛이 터질 듯이 뿜어져 나왔어요. 빛이 얼마나 강렬한지 모든 것을 다 깨부술 것 같았지요. 그러고는 정말로, 그 빛이 아이들이 갇혀 있던 암흑의 방을 깨 버렸어요! 정신이 아득해진 아이들은 멍하니 서로를 바라봤어요.

"왜 그래?"

아룬의 부모님도, 아룬도 영문을 모르겠다는 표정이었지요. 아이들은 어색하게 웃으며 태블릿 PC를 살펴봤어요. 빈칸이 완성된 태블릿 PC에는 이렇게 적혀 있었어요.

'이제 주사위 버튼을 누르시오.'

아이들은 아룬과 아룬의 부모님에게 작별 인사를 했어요. 아룬이 아쉬워하며 말했어요.
"너희들을 만나게 돼서 정말 좋았어!"
아이들도 아쉽기는 마찬가지였어요.
"인도와 너희 가족을 잊지 못할 거야."
주사위 버튼을 누르기 전, 아이들은 서로에게 진솔한 마음을 털어놓았어요. 서울이는 지구의 타박이 서운하면서도 한편으로는 자신도 이 일이 자기 때문에 벌어진 일이라고 생각했어요. 그래서 누구보다 빈칸을 빨리 채우고 싶었던 거예요. 하지만 이런 서울이의 조급함이 지구에게는 제멋대로라고 보였던 거지요. 서울이는 보드게임에서 보았던 문구를 친구들에게 알려 주었어요.
'빛과 어둠의 보드게임입니다. 조심히 다루시오. 빛이 있으면 어둠이 있습니다. 그 어둠을 깨야 비로소……'

그 말에 아이들은 숙연해졌어요. 자신들 마음속에 쌓여 있던 오해와 미움이 어둠을 만든 것 같았거든요. 그리고 한편으로는 자신감도 생겼어요. 어둠을 깨 버린 것도 자신들이니까요! 지구와 서울이는 서로에게 진심으로 사과했어요. 그러고는 모두 손을 한데 모아 주사위 버튼을 눌

렀어요!

잠시 후 다시 엉덩방아를 찧으며 어딘가에 도착했어요.

아이들은 여전히 집으로 돌아가지 못했어요. 하지만 마음은 한결 가벼워졌어요. 무슨 일이든 다 이겨 낼 수 있을 것 같았어요.

그때였어요.

"빵빵! 빠앙!"

화들짝 놀란 아이들이 고개를 드니, 차 한 대가 아이들 쪽으로 달려오고 있는 게 아니겠어요!

"끼이익!"

충돌 직전 차가 가까스로 멈춰 섰어요. 운전자가 허겁지겁 차에서 내렸어요.

"괜찮니?"

한 젊은 여성이 미안한 표정을 지으며 다가왔어요.

"네, 괜찮아요. 차도에 있던 저희 잘못인걸요."

다해는 이렇게 말하며 친구들에게 "모두 괜찮지?" 하고 되물었어요. 그 말을 들은 여성이 눈이 휘둥그레지며 말했어요.

"너희 한국 아이들이구나!"

얼마 만에 듣는 한국어인지! 아이들은 낯선 곳에서 낯선 얼굴을 한 여성이 자신들을 알아보고 한국어로 말을 걸자 깜짝 놀랐어요.

"네! 저희 모두 한국에서 왔어요! 한국을 잘 아세요? 한국어도 잘하시네요?"

지구가 씩씩하게 대답했어요. 젊은 여성이 씩 웃으며 말했어요.

"반가워, 내 이름은 트리나야. 한국 드라마를 아주 좋아해! 케이 팝 팬이기도 하고."

트리나가 자신이 좋아하는 케이 팝 그룹의 이름을 대자 주노와 서울이가 자기들도 좋아하는 가수라며 맞장구를 쳤어요.

"그나저나 너희들끼리 여행 중인 거니?"

트리나의 말에 아이들은 잠시 머뭇거리다가 고개를 끄덕였어요.

"너희들 정말 대단하구나. 괜찮다면 우리 집으로 초대해도 될까? 한국에 정말 가 보고 싶었는데 그러질 못했거든. 그런데 이렇게 한국 아이들을 만나게 되다니! 너무 기뻐."

트리나의 제안에 아이들은 서로 눈짓을 교환하고는 한목소리로 외쳤어요.

"좋아요!"

트리나는 기뻐하며 아이들을 자신의 차에 태웠어요.

"그런데 여기는 어디에요?"

다해가 조심스럽게 묻자 트리나가 의외라는 듯 되물었어요.

"여기는 사우디아라비아의 수도 리야드야. 어디인지도 몰랐니?"

다해가 머쓱한 듯 웃으며 말했어요.

"하하, 잠시 헷갈렸어요."

다해의 말에 트리나가 웃으며 덧붙였어요.

"너희들, 많은 곳을 돌아다녔나 봐. 지금 있는 곳이 어디인지 헷갈릴 정도로 말이야! 너희들이 참 부럽다."

"저희들이요? 왜요?"

"사우디아라비아에서 아이들끼리 돌아다니는 건 있을 수 없는 일이지. 심지어 성인 여성도 성인 남성의 보호가 있어야만 외출하거나 여행할 수 있거든."

"네? 뭐라고요?"

"더 놀라운 걸 말해 줄까? 사실 여성이 운전면허를 딸 수 있게 된 것

글로벌 상식 쑥쑥

여성은 운전을 못 한다고?

2011년, 사우디아라비아의 한 여성이 유튜브에 올린 동영상이 사우디아라비아를 발칵 뒤집었어요. 알 샤리프라는 이름의 여성이 자신이 운전하는 모습을 찍은 것이었지요. '여자도 운전할 권리가 있다!'는 주장을 펴기 위해 'Women2Drive(운전하는 여성들)'라는 이름의 캠페인을 벌이기로 한 거예요. 그길로 알 샤리프와 그의 오빠는 체포되었어요. 알 샤리프는 금지된 운전을 한 죄, 오빠는 차 키를 줘서 불법 행위를 도와주었다는 죄목이었지요. 알 샤리프를 비난하는 사람들은 그녀를 공개 채찍질 형에 처해야 한다고 주장했어요. 하지만 수많은 여성들은 알 샤리프를 지지했어요. 그리고 캠페인에 동참하기 위해 직접 차를 몰고 거리로 나섰지요. 언론조차 알 샤리프를 비난했지만 정당한 권리를 쟁취하기 위한 노력은 그치지 않았어요. 이러한 노력들이 모여 2018년 6월, 드디어 사우디아라비아의 여성들도 운전을 할 수 있게 되었답니다.

위민투드라이브 캠페인

도 2018년이 되어서야 가능해졌지. 그 전에는 여성이 운전을 하면 잡혀갔다니까!"

아이들의 입이 떡 벌어졌어요. 심지어 국제 면허증이 있어서 다른 나라에서는 운전할 수 있는 여성도 자신의 나라인 사우디아라비아에서만은 운전을 할 수 없었다고 트리나가 덧붙였어요.

"이유가 뭐예요?"

다해가 발끈한 목소리로 물었어요.

"사우디아라비아는 이슬람교를 국교로 삼는 나라야. 일상생활 전반을 이슬람 율법이 통제하고 있지. 이슬람 율법을 어떻게 해석하느냐에 따라 제한의 범위가 달라지겠지만, 사우디아라비아에서는 대체로 여성의 사회적 역할을 제약하는 쪽으로 보수적 해석을 해 왔어."

사우디아라비아에서는 결혼하기 전에는 아버지나 남성 형제가 여성의 보호자가 된다고 해요. 결혼 같은 중대한 결정조차도 여성의 뜻보다는 집안의 뜻이 반영되고요. 결혼 후에는 남편이 보호자가 되지요. 만약 남편이 세상을 먼저 떠나면 아들이 엄마의 보호자가 된대요. 즉 여성은 남성의 보호 아래에서만 생활할 수 있다는 거지요.

다해는 우리나라 역사책에서 본 '삼종지도'라는 말이 생각났어요. '여자는 어려서 아버이께 순종하고, 결혼 후에는 남편에게 순종하고, 남편이랑 사별한 후에는 아들을 따라야 한다.'는 뜻으로 조선 시대 여성들에게 강요됐던 덕목이에요.

 그 글을 읽으면서 다해는 자신이 조선 시대에 태어나지 않아서 다행이라고 생각했어요. 그런데 오늘날에도 여전히 그런 나라가 남아 있다는 사실이 놀랍기만 했어요.

🎲 카바 신전에서 드리는 기도

"다 왔구나! 우리 집에 온 걸 환영한다."

 트리나가 차를 세운 곳은 나지막한 단층 건물이었어요. 천장은 높지 않았지만 내부는 꽤 넓었지요. 응접실에는 커다란 소파가 여러 개 놓여 있고 그 가운데 탁자가 있었어요. 트리나의 식구들은 분주했어요. 그러고 보니 트리나도 시장에 다녀왔는지 두 손 가득 짐을 들고 내렸지요.

"뭐 좀 도와드릴까요?"

 다해가 싹싹하게 말했어요. 트리나가 웃으며 말했어요.

"지금은 라마단 기간이라, 해가 지면 이프타르를 먹을 거야. 이프타르란 단식을 깨는 첫 식사를 말하지."

 그때 지구 배에서도 꼬르륵 소리가 났어요. 트리나가 웃으며 작은 접시에 말린 과일을 몇 개 담아 가져다주었어요.

"말린 대추야자란다. 한번 먹어 보렴."

음식에 대한 낯가림이라고는 전혀 없는 지구가 냉큼 하나를 입에 집어넣었어요. 지구의 입에서 미소가 번졌어요. 지구의 표정을 본 주노도 조심스럽게 하나 골랐지요.

"곶감 같아! 달고 맛있다."

그사이 저녁 식사가 모두 차려졌어요. 말린 대추야자와 라마단 기간에 특별히 먹는 빵인 라마단 피데, 라마단 기간에 마시는 과일 음료, 수

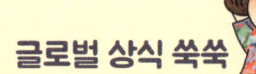

이슬람 교인의 다섯 가지 의무

이슬람 교인이라면 꼭 지켜야 할 다섯 가지 의무가 있어요. 수백 년을 이어 온 전통이니만큼 무엇보다 엄격하게 요구되는 의무이지요.

첫 번째는 하느님을 유일신으로, 무함마드를 하느님의 사도로 인정한다는 신앙 고백이에요. 두 번째는 예배 드리기에요. 매일 해야 하는 다섯 번의 예배부터 매주 금요일의 예배, 축제나 장례, 라마단 등에 행하는 특별 예배가 있지요. 세 번째는 라마단 기간의 단식이에요. 4월부터 5월까지 한 달에 걸친 라마단 기간 동안 새벽 예배가 시작되기 전부터 해가 질 때까지 음식이나 음료를 먹고 마시지 않아야 해요. 네 번째는 '희사'라고 불리는 사회 환원의 의무예요. 일 년 동안 저축액의 2.5%에 해당하는 금액을 기부해야 해요. 부를 가난한 이와 나누어 부가 한쪽에 쏠리는 것을 막기 위한 것이지요. 다섯 번째는 성지 순례예요. 성지 순례는 정해진 기간에 행하는 대순례와 그 외에 행하는 소순례가 있는데, 이슬람력 12월에 행해지는 대순례는 일생에 꼭 한 번은 참여하는 게 의무라고 해요.

메카 순례, 카바 신전에서 기도를 하는 이슬람 교인들

프, 샐러드 등이 가득했어요. 단식 후 먹는 음식이니만큼 위에 부담을 주지 않는 가볍고 영양가 높은 음식들이었어요. 아이들은 자신들도 단식에 동참했던 것 마냥 맛있게 음식을 나누어 먹었어요.

"어떻게 한 달 동안이나 단식을 할 수가 있어요?"

지구가 우물거리며 말했어요.

"라마단 기간을 지키는 것은 이슬람 교인의 의무거든. 한 달 내내 굶는 게 아니라 일출부터 일몰까지, 즉 해가 뜨는 순간부터 해가 지는 순간까지만 단식을 하는 것이기 때문에 익숙해지면 생각만큼 고통스럽지는 않단다. 또 환자나 임산부, 어린이 등은 단식이 면제되지."

트리나가 설명했어요. 라마단은 이슬람교를 창시한 무함마드가 알라로부터 쿠란의 계시를 받은 것을 기리기 위해 생긴 풍습이에요. 알라는 이슬람교에서 믿는 유일신, 쿠란은 이슬람교의 경전을 말해요.

610년경 알라의 계시를 받고 이슬람교를 창시한 무함마드는, 신은 알라 하나뿐이라는 유일신 신앙과 알라 앞에서 만인의 평등을 주장했어요. 차츰 세력을 넓히던 중 무함마드는 종교 박해로 메카에서 메디나로 쫓겨가게 돼요. 그곳에서 힘을 키워 메카로 돌아오지요.

"메카 순례에 대해 들어 봤니?"

트리나가 아이들을 바라보며 말했어요.

"네. 하지만 텔레비전에서 봤을 뿐, 직접 본 적은 없어요."

트리나는 고개를 끄덕였어요. 서울이는 텔레비전에서 보았던 메카 순례 장면을 떠올렸어요. 수많은 사람들이 메카의 정가운데 놓인 검은색 상자를 향해 기도를 올리는 모습이었지요. 매년 열리는 정기 순례 기간에는 세계 곳곳에서 수백만 명이 모이기 때문에 사건 사고도 많이 일어난다고 들었지요.

"그러고 보니 메카가 사우디아라비아에 있네요!"

"맞아. 너희도 내일 한번 가 볼래?"

트리나의 말에 아이들은 모두 고개를 끄덕이며 박수를 쳤어요. 그날 밤 트리나와 가족들의 배려로 아이들은 깊은 단잠을 잤지요.

다음 날 아침, 트리나는 기도 시간에 맞춰 아이들을 메카의 카바 신전으로 데려갔어요. 카바 신전은 아침부터 기도 드리러 온 사람들로 붐볐어요. 높이 15m에 이르는 검은색 상자는 신전 한가운데 있는데 이를 '카바'라고 한대요. 카바를 원형으로 감싼 사람들은 반시계 방향으로 돌면서 순례를 하지요.

"이제 들어가면 돼요?"

지구가 흥분해서 외치자 트리나가 난처한 표정을 지었어요.

"어쩌지. 이슬람 교인이 아닌 사람은 신전에 들어갈 수가 없단다."

"정말요? 왜요?"

"너무 아쉬워요! 저도 같이 카바를 돌고 싶었는데……."

아이들의 아우성에 트리나가 미소를 지으며 말했어요.

"여기서라도 기도를 드려 보렴. 알라께서는 다 들으실 거란다."

아이들은 잠시 눈을 감고 각자 소원을 빌었어요. 아마 집으로 빨리 돌아가고 싶다는 소원이 첫 번째였겠죠!

수많은 교인들이 멀리서부터 찾아와서 기도를 드리는 모습은 매우 엄숙하고 경건해 보였어요. 마치 인도의 갠지스강에서 마주친 사람들 같았지요. 인류 역사와 함께 해 온 종교는 각각의 특색을 가지고 발전했지만 신 앞에서 자신을 한껏 낮추고 신의 가호를 바라는 것은 어느 종교든 비슷한 것 같다고 아이들은 생각했어요.

서울이가 가방에서 태블릿 PC를 꺼냈어요. 이번에는 모두의 만장일치였어요. 두 글자는 이미 완성되어 있어서 마지막 한 글자만 채워 넣으면 되었거든요. 아이들은 트리나에게 작별을 고했어요. 트리나가 아쉬워하며 말했어요.

"언젠가는 꼭 한국에 놀러 갈게! 함께 케이 팝 공연 보러 가자. 한국의 문화도 소개해 줘."

"그럼요! 한국에 아름다운 문화유산이 참 많아요! 꼭 놀러 오세요!"

아이들은 조심스럽게 빈칸에 '단'이라는 글자를 써 넣어 '라마단'을 완성했어요. 이번에도 역시 큰 빛이 아이들을 감쌌답니다.

동서 문화를 이어 주는 세 갈래의 길

유라시아 대륙은 지구상에서 가장 큰 대륙이에요. 메소포타미아와 황허, 인더스라는 문명의 발상지를 품고 있는 거대한 대륙이지요. 유라시아 대륙은 곡창 지대부터 사막 지대, 초원 지대, 고원 등 다양한 자연환경을 품고 있기도 해요.

하지만 이렇게 큰 땅덩어리도 문명과 문명 간의 교류를 막을 수는 없었어요. 그 대표적인 증거가 바로 실크 로드의 존재랍니다. 중국의 비단을 너무 사랑한 로마인들 때문에 비단이 끊임없이 오갔다고 해서 '실크 로드'라는 이름이 붙었지요. 흔히 우리는 '비단길'이라고 해요. 이 길은 한나라와 로마 제국 때부터 근대적인 교통수단이 나타나기 전까지 수천 년 동안 유라시아 대륙의 동쪽과 서쪽을 이어 왔어요. 비단길이 대표적이지만 초원길과 바닷길도 동서를 연결시키는 중요한 통로였답니다.

유라시아 대륙의 한가운데에 어떤 나라들이 있나요? 바로 이슬람교를 믿는 사람들이 주로 사는 나라예요. 오랜 시간 동안 이 지역의 이슬람 사람들은 대륙 가운데에 자리한 이점을 이용해 유라시아 대륙의 동쪽과 서쪽을 다니며 장사를 해 왔어요. 이슬람교를 창시한 무함마드도 상인 출신이었으니 이슬람 세계가 만들어지기 전부터 이곳에 살던 사람들은 상업에 종사해 왔던 셈이에요. 이슬람 상인들은 비단길과 바닷길을 이용해 양쪽을 오갔어요. 특히 중국의 제지술, 나침반, 화약, 활판 인쇄술 등을 유럽에 전파하면서 유럽의 종교 개혁과 과학기술 발전에 큰 영향을 끼쳤답니다.

실크 로드

토론왕 되기!

프랑스 학교에서는 왜 이슬람 여학생을 퇴학시켰을까?

프랑스에는 무슬림들이 많아요. 대부분 이슬람 국가에서 온 이민자들과 그들의 후손들이에요. 이슬람교는 종교적인 색채가 매우 뚜렷하기 때문에 어디서든지 눈에 잘 띄기 마련이에요. 복장부터 시선을 사로잡지요. 다음 친구들의 대화를 듣고, 다른 나라의 문화를 이해하기 쉽지 않은 이유에 대해서 토론해 보아요.

 이슬람 여성들은 머리에 '히잡'이라고 불리는 스카프를 반드시 둘러야 된대. 얼굴을 완전히 가리는 형태인 '부르카'와 '니캅'을 착용하기도 하고.

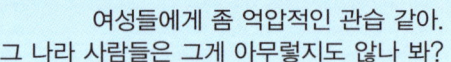 여성들에게 좀 억압적인 관습 같아. 그 나라 사람들은 그게 아무렇지도 않나 봐?

 2004년 프랑스에서는 '종교 상징 금지법'을 이유로 학교에서 히잡 착용을 금지했대. 히잡을 벗지 않는 여학생을 퇴학시키기까지 하고.

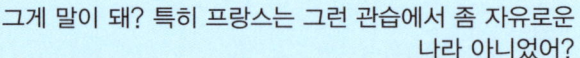 그게 말이 돼? 특히 프랑스는 그런 관습에서 좀 자유로운 나라 아니었어?

 프랑스는 엄격하게 종교와 정치를 분리하는 나라야. 어떤 종교도 공식 종교로 인정하지 않기 때문에 공공장소에서 종교 색채를 드러내면 안 된대.

그런데 히잡은 눈에 띄니까 더 문제가 됐던 거구나?

맞아. 이슬람교는 종교가 일상생활에 깊이 개입하고 있기 때문에 종교적 특색이 잘 드러나지.

그래도 종교의 자유, 표현의 자유를 생각하면 퇴학까지 시킨 건 너무한 결정 같아.

법안까지 만들면서 프랑스가 이렇게 강경하게 나오는 건 2001년 9·11 테러 때문에 이슬람인에 대한 인식이 부정적인 이유도 있어.

여성에 대한 과도한 억압 때문이라면 모를까, 테러 때문에 이슬람인 전부가 피해를 보는 건 좀 억울한 일인 것 같아.

이건 한 나라에서 정해진 법이니까 좀 억울하더라도 따를 수밖에 없는 게 현실이야.

이슬람인이긴 하지만, 프랑스 시민으로서 살기도 하는데 히잡 때문에 교육을 못 받는 건 문제가 있다고 생각해.

여러분 생각은 어떤가요? '종교 상징 금지법'을 만들고 이슬람 여성을 차별한 학교가 너무한 것 같나요? 아니면 프랑스 문화권에서 살려면 이슬람인들이 히잡을 벗어야 하는 걸까요?

글로벌 퀴즈

다음 빈칸에 알맞은 단어를 넣으세요.

1. 이슬람 교인들은 ☐☐☐ 기간 동안 일출부터 일몰까지 단식을 해요.

2. 이슬람교의 경전을 ☐☐ 이라고 해요.

3. 이슬람 교인들은 일생에 한 번은 ☐☐ 에서 순례를 해야 해요.

정답: ① 라마단 ② 쿠란 ③ 메카

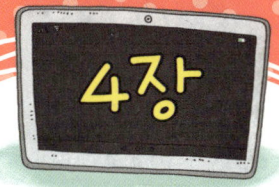

추수 감사절은 가족과 함께!

뉴욕 거리에서 만난 엠마

'이번에는 어디로 떨어진 걸까?'

다해는 반사적으로 엉덩이를 문지르며 주위를 둘러보았어요. 하지만 이상하게도 엉덩이는 조금도 아프지 않았어요. 이번에 떨어진 곳에는 아주 푹신한 잔디가 깔려 있었거든요. 선선한 공기와 기분 좋은 풀내음이 코끝을 스쳤어요. 파란 하늘에는 흰 구름이 유유히 흘러갔어요.

"여기는 어딜까?"

아이들은 터덜터덜 길을 걷기 시작했어요. 그러다 보니 긴 다리를 건너게 되었고, 어느덧 한 섬에 도착했지요. 갑자기 지구가 소리를 질렀어요!

"저것 좀 봐! 나 저거 책에서 봤는데!"

발끝만 보고 걷던 아이들이 지구가 가리키는 쪽을 봤어요.

"자유의 여신상이야!"

"미국 뉴욕이구나."

아이들은 별로 놀라지도 않고 고개를 끄덕였어요. 주노마저도요. 이제 어디에 떨어지더라도 그러려니 했어요. 우주에 떨어지지 않는 한 아이들은 끄덕도 없을 것 같았어요. 시공간을 넘나드니 이젠 시간 개념도

없어졌지요. 조금 전까지 더웠는데 지금은 쌀쌀한 가을 날씨였어요.

거리는 북적였어요. '블랙 프라이데이!', '70% 할인' 같은 문구들이 상점마다 붙어 있고, 사람들은 이 가게 저 가게를 오가며 바삐 움직였어요. 아이들도 덩달아 가게마다 구경하느라 정신이 없었지요.

그때였어요.

"다해!"

그 소리에 아이들은 기절할 듯이 놀랐어요. 낯선 이들로 가득한 이곳에서 누가 다해를 알아본 걸까요?

"엠마! 오 마이 갓! 너를 여기서 만나다니!"

다해가 화들짝 놀라더니, 힘껏 달려가 엠마라고 불린 여자아이를 와락 껴안았어요. 지구와 서울, 주노는 영문을 모른 채 눈을 동그랗게 뜨고 둘을 쳐다봤지요.

"세상에, 뉴욕에는 언제 돌아온 거야?"

"아주 돌아온 거는 아니고, 음, 여행이랄까? 하하."

다해는 엠마에게 지구와 주노, 서울이를 소개했어요. 엠마의 환한 미소에 친구들도 웃으며 인사를 나눴어요.

엠마는 다해의 이웃사촌이었어요. 다해가 미국에서 살 때 옆집에서 함께 자랐지요. 다해는 두 살 많은 엠마를 친언니처럼 따랐어요. 다해가 한국으로 돌아가게 되었을 때 둘은 얼마나 울었는지 몰라요. 중학생

이 되면 꼭 다시 만나기로 했는데 이렇게 만나게 되다니! 엠마와 다해는 기뻐서 어쩔 줄 몰랐어요.

"당연히 우리 집에 갈 거지? 엄마 아빠도 정말 반가워하시겠다! 땡스 기빙 데이잖아!"

"그럼 당연하지!"

다해의 대답에 엠마는 기쁨의 환호성을 질렀어요.

그제야 다해는 왜 상점마다 '블랙 프라이데이'라고 써 있었는지 알 수 있었어요. 땡스 기빙 데이는 매년 11월 넷째 주 목요일로 '추수 감사절'이라고도 불리는 날이에요. 미국의 추수 감사절은 11월 넷째 주 목요일로 정했기 때문에 날짜는 바뀌어도 요일은 고정되어 있어요.

　추수 감사절이 목요일이기 때문에 대부분의 사람들은 다음 날인 금요일과 주말까지 연달아 쉬지요. 언젠가부터 상점들은 추수 감사절 다음 날인 금요일을 겨냥해 '블랙 프라이데이'라고 이름 짓고 대대적인 할인 행사를 벌이기 시작했어요. 일 년 중 할인을 가장 많이 하기 때문에 이 기간에 물건을 사려고 일부러 기다리는 사람도 많지요.

글로벌 상식 쑥쑥

메리 크리스마스 그리고 해피 뉴 이어!

추수 감사절 외에도 미국인들이 중요하게 여기는 명절이 있어요. 우리에게도 아주 익숙한 날이에요. 바로 크리스마스지요.

미국에서는 12월 25일부터 1월 1일까지 쭉 쉬는 게 보통이에요. 회사도 당연히 쉬지요. 이걸 '오피스 클로징(Office Closing)'이라고 해요. 그래서 크리스마스 연휴가 있는 나라와 거래하는 우리나라 회사들은 이 기간에 맞춰 함께 쉬기도 한답니다.

크리스마스를 기념하기 위해 화려하게 장식한 트리

엠마네 집은 시내에서 멀지 않은 곳에 있었어요.

"엄마, 아빠! 누가 왔는지 보세요!"

엠마가 현관문을 열기도 전에 목청을 높여 온 가족을 불러 모았어요. 엠마 집에는 엠마의 부모님뿐만 아니라 엠마의 언니, 오빠네 부부와 조카들까지 잔뜩 모여 북적였어요. 늦둥이인 엠마에게는 나이 차이가 많이 나는 언니와 오빠가 있었거든요.

엠마의 가족은 깜짝 놀라며 반가워 어쩔 줄 몰라 했어요. 다해와 엠마는 신나게 이야기를 나누었어요. 자신이 겪고 있는 모험에 대해 이야기하자 엠마는 믿을 수 없다는 표정을 지었지요.

한편 주노는 소파에 어색하게 앉아 찬찬히 주변을 둘러보았어요. 주방에서 바삐 움직이는 엠마의 부모님과 식탁을 정리하는 식구들, 시끌벅적한 텔레비전 소리, 음악 소리, 웃음소리.

'꼭 추석 같네.'

주노는 지난 추석을 떠올렸어요. 할머니 댁까지 다섯 시간이나 걸렸지만 사촌들을 만나니 피곤함은 완전히 사라졌지요. 사촌 형들과 게임을 하고, 큰엄마가 주신 용돈으로 군것질을 하고, 저녁에는 다 같이 모여 저녁을 먹었어요. 그날만큼은 일찍 자라는 잔소리도 듣지 않았지요. 밤 늦게까지 주전부리를 먹고, 만화책을 보고, 수다도 떨었어요. 그날의 모습이 눈에 선해 주노는 괜히 마음 한쪽이 시큰해졌어요.

"걱정 마. 꼭 돌아갈 거야."

언제 왔는지 서울이가 와서 의젓하게 말했어요. 주노는 서울이의 말에 씩 웃었어요.

엠마 가족과 함께하는 땡스 기빙 데이

엠마네 가족과 친구들은 커다란 식탁에 둘러앉았어요. 엠마의 엄마가 이틀 전부터 준비한 칠면조구이가 나오자 다들 환호성을 질렀어요. 특히 칠면조를 처음 접하는 지구와 서울이와 주노는 칠면조의 크기에 깜짝 놀랐지요.

"칠면조는 처음 먹어 봐요! 이렇게 클 줄이야!"

주노가 신기해하자 엠마의 오빠 제이드가 빙그레 웃으며 말했어요.

"추수 감사절에 왜 칠면조를 먹는지 아니?"

주노가 고개를 젓자 제이드가 웃으며 설명해 주었어요.

미국의 추수 감사절은 영국의 전통이었던 추수 행사에서 유래했어요. 1620년, 영국의 청교도들은 종교의 자유를 찾아 아메리카 대륙으로 왔어요. 그러나 이들은 새로운 땅에 대한 지식도 충분한 물자도 없었기 때문에 낯선 땅에 적응하기가 매우 힘들었어요. 결국 척박한 환경과 굶주림으로 많은 이들이 죽고 말았지요. 이때 당시 아메리카 원주민이 곡식 종자를 나눠 주고 옥수수 농사 기법 등을 가르쳐 주었다고 해요. 이 일을 계기로 그들의 정착을 도와준 아메리카 원주민들도 초대해 햇곡식과 야생 칠면조를 나눠 먹었지요. 이것이 추수 감사절의 유래라고 알려져 있어요.

주노가 추수 감사절을 보내는 엠마네 가족을 보고 한국의 추석을 떠

글로벌 상식 쑥쑥

인디언 보호 구역

유럽에서 건너온 사람들이 아메리카 대륙을 차지하게 되면서, 원주민들은 삶의 터전을 잃어버렸어요. 미국 정부는 '인디언 보호 구역'으로 원주민들을 강제 이주시켰어요. 보호 구역의 인디언들은 자신들의 문화를 지키며 어느 정도의 자치가 가능하긴 했지만, 자신의 땅을 빼앗기고 얻은 아주 작은 권리에 불과했지요.

미국 전역에 약 570여 개의 인디언 부족이 약 320여 개의 인디언 보호 구역에서 살고 있어요. 미국 정부는 이들에게 일자리를 지원해 준다는 명목으로 인디언 보호 구역 내 카지노 설립을 허가했어요. 하지만 이권을 다투는 세력이 인디언 보호 구역으로 들어오면서 마약, 폭력, 알코올 중독 등의 문제가 날로 심각해지고 있어요. 극심한 가난과 취업난에 시달리던 인디언들이 갱단에 합류하면서, 인디언 보호 구역의 범죄 발생률은 점점 올라가고 치안은 불안한 상태랍니다.

올린 것은 자연스러운 일이었어요. 우리나라의 추석도 햇곡식을 무사히 수확한 데 대한 기쁨과 감사에서 비롯되었거든요.

즐거운 저녁 시간을 마치고 아이들은 엠마를 따라 집을 구경했어요. 그때 한눈을 팔던 지구가 뭔가 발견한 듯 주노와 서울이를 불렀어요.

"얘들아, 이것 좀 봐!"

지구가 가리킨 곳에는 길쭉한 총이 있었어요. 벽에는 커다란 뿔이 달린 사슴 머리 조각상이 걸려 있고, 총은 그 옆에 놓여 있었지요. 지구는 성큼성큼 다가가 사슴을 쓱 보고는 총에 손을 가져다 댔어요.

"와, 무슨 총이 이렇게 크지? 꼭 진짜 같아! 여기가 엠마의 조카인 올리버의 방인가? 올리버가 가지고 놀기엔 너무 큰 총인데……. 아니면 엠마의 오빠가 가지고 놀던 건가?"

그때였어요.

"오우 노! 만지면 안 돼! 당장 내려놓지 못하겠니!"

엠마의 아빠가 꽥 소리쳤어요. 지구는 깜짝 놀라 저도 모르게 총을 놓치고 말았지요. 엠마의 아빠가 화급히 달려가 총이 바닥에 떨어지기 전에 그러잡았어요. 아빠의 큰 소리에 온 가족이 달려왔어요. 분위기가 심상치 않자 지구는 덜컥 겁이 났어요. 지구는 눈물을 뚝뚝 떨구며 말했어요.

"죄송해요……."

엠마의 엄마가 지구를 다독이며 말했어요.
"놀랐지? 아빠가 화를 낸 게 아니라 너무 놀라셔서 그래. 괜찮단다."
엠마와 함께 달려온 다해는 무슨 상황인지 알 것 같았어요.
"지구야, 이거 장난감 아니야. 진짜 총이라고! 큰일 날 뻔했어!"
다해는 엠마 가족에게도 상황을 설명했어요.
"지구는 장난감인 줄 알았을 거예요. 진짜 총인 줄 알았다면 절대 만지지 않았을 거예요. 죄송합니다."
지구는 놀랄 수밖에 없었어요. 집에 진짜 총이

있으리라고 상상이나 했겠어요? 놀란 것은 주노와 서울이도 마찬가지였어요.

"어떻게 총을 가지고 계세요? 혹시 경찰이세요?"

주노의 천진한 물음에 분위기가 약간 풀어졌어요. 아빠가 긴장이 풀린 목소리로 말했어요.

"한국에서는 일반인이 총을 가질 수 없지? 하지만 미국에서는 일반 가정집에서도 총을 상비해 두는 경우가 많단다."

제이드는 미국에서 일반인들이 총을 소지할 수 있는 까닭은 미국의 역사와 깊은 관련이 있다고 설명했어요. 미국은 다른 나라와 달리 유럽에서 온 이민자들에 의해 만들어진 나라예요. 종교 박해를 피해 온 청교도, 신대륙을 개발하려는 모험가, 상인 등이 가장 먼저 아메리카 대륙에 정착했지요. 그때는 경찰도, 군대도, 법 체계도 제대로 갖춰져 있지 않았어요. 따라서 이민자들은 자신의 집과 가족을 스스로 지킬 수밖에 없었답니다. 그 방법으로 총기를 소유하게 되었고 여기에서부터 비롯된 자유로운 총기 매매가 지금까지도 이어지게 된 것이지요.

제이드의 말에 지구는 고개를 끄덕였어요. 하지만 주노는 고개를 갸웃거리며 물었지요.

"이제 미국에는 경찰도 군대도 있잖아요. 그런데도 집집마다 총을 가질 필요가 있나요?"

제이드는 깜짝 놀란 표정을 지었어요. 주노의 질문이 매우 날카로웠기 때문이에요. 이번에는 엠마의 언니인 제인이 나섰어요.

"나랑 생각이 똑같구나. 나도 같은 이유로 이제 개인의 총기 사용을 규제해야 한다고 생각해. 하지만 오랫동안 굳어진 사람들의 인식을 바꾸기란 쉽지 않지. 총기 회사의 반발도 거세고 이들의 지원을 받는 정치인들도 있기에 금지 법안을 만들기 힘든 상황이란다. 미국이 풀어야 할 숙제임에는 틀림없어."

제인의 말에 아이들은 고개를 끄덕였어요.

그때였어요. 삐삐삐 경고음이 울렸어요. 서울이의 태블릿 PC가 내는 소리였지요.

'서둘러 빈칸을 완성하시오.'

그러고 보니 까맣게 잊고 있었지 뭐예요! 그 어느 때보다도 시간이 빨리 흘러간 것 같았어요. 서울이가 태블릿 PC를 꺼내 들었어요.

"어떻게 우리가 이걸 까먹고 있었지?"

주노가 어처구니없다는 듯 웃었어요. 다해도 마찬가지였어요. 오랜만에 만난 친구와 노느라 집에 돌아가야 한다는 사실을 까맣게 잊고 있었던 거예요!

아이들은 머리를 맞대고 정답을 궁리했어요. 하지만 아무것도 떠오르지 않았지요.

그때 태블릿 PC를 흘깃 넘겨다본 엠마가 웃으며 말했어요.

"땡스 기빙 데이네!"

엠마의 말에 아이들은 고개를 번쩍 들고 서로를 쳐다봤어요. 모두들 고개를 끄덕였어요.

서울이가 떨리는 손으로 글자를 입력하자 글자들이 크게 번쩍였어요.

'이제 주사위 버튼을 누르시오.'

다해는 저도 모르게 눈물이 터져 나왔어요. 엠마와 또다시 작별해야 할 시간이에요. 엠마도 눈물을 글썽였어요.
"꼭 다시 만나! 이번에는 내가 한국으로 놀러 갈게. 다 같이 만나자."
엠마는 의젓하게 인사를 건네고 모두를 힘껏 껴안았어요. 아이들은 다 같이 손을 모았어요. 그러고는 힘껏 버튼을 눌렀어요!

세계 각국의 추수 감사절

오랜 시간 인류는 농사를 지으며 살아왔어요. 추수는 한 해 농사의 결실이자 일 년 식량을 확보하는 일이었지요. 따라서 농경 시대 사람들에게 추수는 매우 중요했답니다. 무사히 수확을 마치고 나면 사람들은 기쁨과 감사의 마음을 담아 축제를 열었어요. 햇곡식과 햇과일을 나눠 먹기도 하고, 조상이나 신에게 감사의 제사를 올렸지요. 각 나라마다 어떠한 형태로 기념하고 있는지 살펴볼까요?

독일

10월의 첫 번째 일요일에 '에른테당크페스트(Erntedankfest)'라고 불리는 명절을 보내요. 지역마다 자신들 지역에서 난 다양한 특산품을 가지고 추수 감사제를 드리지요. 마지막 수확물로는 왕관 모양으로 엮고 꽃으로 장식해 '수확의 왕관'을 만들기도 한답니다.

인도

빛의 축제라는 뜻의 '디왈리'라는 명절로 10월~11월 사이에 치러져요. 남부 인도나 상업 도시에서는 번영을 기원하는 의미가 있고, 북부 지방의 농촌에서는 추수 감사절의 의미가 있지요. 빛의 축제로 불리는 만큼 상점과 공공장소, 가로수 등은 전구와 꽃들로 치장을 한답니다. 가정집들도 집 안 곳곳은 물론 마당과 담장까지 전구나 촛불로 장식을 하지요.

베트남

베트남에는 '뗏쭝투(Tet Trung Thu)'라고 불리는 명절이 있어요. 중국이나 우리나라와 마찬가지로 음력 8월 15일이지요. '쭝투'라는 말도 한자 '중추'를 베트남식으로 읽은 거예요. 하지만 베트남의 뗏쭝투는 우리나라의 어린이날 같은 성격의 명절이에요. 바쁜 농사철 동안 소홀했던 아이들을 위한 날이지요 아이들은 선물도 받고, 신나게 놀면서 하루를 보낸답니다.

러시아

러시아 사람들은 11월 8일 직전의 마지막 토요일을 '성 드미트리 토요일'로 정해 놓고 기념해요. 이날은 1380년 돈강 유역에서 몽골군을 크게 이긴 후, 전사자를 추모하기 시작한 데서 유래했대요. 하지만 차츰 가족, 친척과 모여 성묘를 하고 추수를 기념하는 날로 자리 잡았지요. 새들에게 햇곡식을 뿌려 주기도 해요. 물론 사람들도 햇곡식과 햇과일을 나눠 먹어요.

중국

중국은 우리나라처럼 음력 8월 15일을 추석으로 삼았어요. '중추절'이라고 하지요. 우리가 송편을 빚는 것처럼 중국에서는 '월병'을 만들어요. 월병은 추석에 뜨는 환하고 커다란 보름달을 닮은 모양으로, 그 안에 팥이나 과일, 고기 등을 넣어 만든답니다.

일본

일본의 추석은 '오봉'이라고 불려요. 과거에는 음력 7월에 조상에게 제사를 드렸지만, 오늘날에는 양력 8월 15일 전후로 바뀌었어요. 오봉을 기념하는 축제가 일본 여러 도시에서 열리는데, 이때 사람들은 유카타라고 불리는 전통 의상을 입고 거리에서 춤을 추기도 해요.

토론왕 되기!

총기 소지는 나와 가족을 지키는 수단일까, 사회를 위협하는 도구일까?

우리나라와 달리 미국은 일반인들도 총기를 소지할 수 있어요. 미국에서 일반인들이 보유하고 있는 총기는 거의 3억 9천만 정에 달한다고 해요. 미국 인구가 약 3억 명이니, 전체 인구수보다 유통되는 총기가 더 많은 거예요. 심지어 구매도 쉬워서 온라인이나 동네 마트에서 별다른 절차 없이 살 수 있다고 해요. 다음 친구들의 대화를 읽고, 총기 문제에 대해 여러분의 생각을 정리해 보세요.

 나 아까 엠마 집에서 총 보고 진짜 놀랐어. 설마 집에 진짜 총이 있을 줄이야.

 미국에서는 총기 구입이나 소지가 합법이니까. 오히려 총기류가 없는 게 더 이상한 것 같아.

 아니, 근데 미국은 왜 총기를 그렇게 쉽게 가질 수 있는 거지? 너무 위험하잖아.

 미국인은 영토를 개척하고 스스로 나라를 세우면서 필요에 의해 총을 갖기 시작했기 때문에 크게 문제 삼지 않는 것 같아. 총이 있었기에 자유를 쟁취하고 자신을 보호할 수도 있었다고 믿는대.

그래도 그건 다 옛날 얘기잖아.
이제는 경찰도 있고 군대도 있는데 말이야.

 미국 산업에서 총기류가 차지하는 비율이 너무 커져서
총기 규제를 하는 게 쉽지가 않아.

 하긴 미국 영화를 보면 경찰이나 첩보원 말고도 일반 시민들이 다
총을 갖고 싸우더라. 그게 다 영화 속 이야기인 줄만 알았는데.

 범죄자들도 총기를 갖고 다니니까 일반 시민들도
총기를 소지하지 않으면 불안하게 된 거지.

 우리나라처럼 처음부터 총기 소지를 금지했으면 좋았을 텐데.
그럼 나쁜 사람들도 총을 못 가지잖아.

 그래서 총기 사용을 규제하자는 목소리가 점점 높아지고 있어.
찬반 의견이 팽팽해서 쉽게 결정되지는 않겠지만 말이야.

 일단 총의 위력을 알게 되니까 쉽게 포기하지 못하는 것 같아.

 나와 내 가족의 안전을 위해서라면 총이 꼭 필요하다고
생각하는 사람들이 많으니까.

여러분은 총기 규제가 필요하다고 생각하나요, 이대로 두어도 괜찮다고 생각하나요?

초대장을 써 볼까요?

미국의 추수 감사절은 아메리카 대륙에 정착한 이민자들이 첫 수확을 거둔 기쁨과 인디언에 대한 감사를 기념한 데서 시작했어요. 당시 이민자의 마음으로 인디언에게 추수 감사절에 초대하는 편지를 써 보세요.

아직도 집이 아니라고?

쿵! 쿵! 쿵! 쿵!

"아야! 좀 안 아프게 떨어질 수는 없나?"

벌써 다섯 번째 엉덩방아에 주노가 짜증 섞인 목소리로 말했어요.

"그러게 말이야. 엉덩이 살려!"

지구가 엉덩이를 문지르며 맞장구쳤어요. 그때였어요.

"거기 누구야?"

한 남자아이가 불쑥 튀어나왔어요. 또렷한 한국어가 들렸어요.

얼굴 생김도 자신들과 비슷하고, 이국적인 모습이라고는 전혀 없었어요.

"야호! 드디어 집이다!"

아이들은 서로를 얼싸안고 팔짝팔짝 뛰었어요. 그 모습을 본 남자아이가 당황스러운 얼굴로 물었어요.

"집? 집이 어딘데?"

"아, 여기가 우리 집이라는 건 아니고. 한국이지? 한국이면 됐어!"

지구와 서울이는 연신 손뼉을 맞추며 하이파이브를 하고 다해와 주노는 끌어안고 덩실덩실 춤이라도 추는 모양이었어요.

"아닌데?"

"응? 뭐가 아니야?"

춤추느라 머리가 헝클어지고 얼굴까지 벌게진 다해가 물었어요.

"여기 한국 아닌데."

남자아이의 이 한마디에 아이들은 일시 정지 버튼이라도 누른 듯 엉거주춤한 자세로 얼어붙어 버렸어요.

"아…… 아니라고? 그럼 여긴 어딘데?"

"여기 중국인데."

"그…… 그럼 너는? 너는 어떻게 한국말을 이렇게 잘해? 관광객이야? 아니면 이민?"

얼마나 당황했던지 주노는 말까지 더듬었어요.

"챠오셴주(조선족)니까 너희랑 말이 통하지."

남자아이가 큭큭 웃었어요. 남자아이의 이름은 남가준으로 고향은 옌볜이지만, 지금은 베이징에서 일하시는 부모님과 함께 베이징 근교에서 살고 있다고 했어요. 그러고 보니 조금 전에는 미처 몰랐던 특유의 억양이 느껴졌어요. 이번에야말로 한국으로 돌아온 줄 알았기 때문에 아이들의 실망감은 더욱 컸지요.

"괜찮아. 그래도 한국에 훨씬 가까워진걸?"

서울이가 애써 웃으며 말했어요. 아이들도 고개를 끄덕였어요. 기운 빠져 있어 봤자 집으로 돌아갈 수 있는 것은 아니니까요.

"그나저나 웬 사람이 이렇게 많아?"

지구가 주위를 둘러보며 말했어요. 그제야 아이들도 주변을 살펴보았어요. 수많은 사람이 내는 말소리가 큰 홀에 울려 퍼졌어요. 마치 소라껍데기를 귀에 댄 것처럼 건물 전체가 웅웅거렸어요. 안내 방송도 끊임없이 들려왔어요. 소리를 따라 넓은 홀로 나온 아이들은 깜짝 놀라 입을 틀어막았어요.

"도저히 움직일 수가 없어!"

"다들 꽉 잡아! 이러다 잃어버리겠어!"

천 명, 아니 만 명은 되어 보이는 사람들이 넓은 홀을 가득 채우고 있었어요. 전광판에는 시간과 숫자가 써 있었고요.

"기차역인가 봐!"

지구가 소리쳤어요. 아이들은 서로를 놓치지 않으려고 손을 꼭 잡았어요. 자칫하다간 사람들에 휩쓸려 버릴 것 같았거든요. 물밀 듯 밀려든 사람들이 개찰구로 한 명씩 빠져나갔어요. 이제 막 도착한 기차를 타러 간 모양이에요.

아이들은 한시름 놓았지만, 그렇다고 안심할 수는 없었어요. 다음 기차를 기다리는 사람들이 속속 기차역으로 오고 있었기 때문이에요. 아이들은 눈이 빙글빙글 돌아가는 것 같았지요.

"정신 차려. 괜찮니, 다들?"

어느새 쫓아왔는지 가준이가 불쑥 나타나 물었어요. 아이들은 울상을 지었어요.

"대체 이게 무슨 난리야? 전쟁이라도 난 거야?"

주노의 말에 가준이가 정색하고 말했어요.

"무슨 소리야? 다들 기쁜 마음으로 고향에 가는 중이라고."

"고향에? 이 많은 사람들이?"

"응, 곧 춘절이거든. 나도 부모님과 함께 고향에 가는 중이지."

"아, 춘절이 명절인가 봐."

다해의 말에 가준이가 고개를 끄덕였어요. 한국의 설날이 곧 춘절이에요. 우리나라와 같이 음력 1월 1일을 새해로 기념하지요.

"그래서 이렇게 사람이 많구나. 나도 설날에 세 시간씩 걸려서 할머니 댁에 가는데!"

"나는 다섯 시간!"

괜히 으쓱거리는 지구의 모습에 가준이가 실실 웃으며 말했어요.

"세 시간? 다섯 시간이라고? 중국에서 그 정도는 옆 마을 가는 정도밖에 안 되는걸?"

지구는 가준이가 자기를 놀리는 거라고 생각했어요.

"거짓말 마!"

"거짓말 아니야. 나만 해도 내일 저녁은 돼야 할머니 댁에 도착한단 말이야."

지구의 눈이 휘둥그레졌어요.

"지금 출발하는데?"

중국의 기차 문화

기차는 중국에서 가장 보편적인 교통수단 중 하나예요. 성 하나가 우리나라보다 큰 경우가 부지기수라 각 지역을 잇는 데 기차만큼 효율적인 시설도 없지요. 중국 철도의 총 길이는 5만 km 이상으로 지구 한 바퀴를 돌고도 남을 정도라고 해요. 우리나라 기차가 노선이나 속도 등에 따라 KTX, SRT, 새마을, 무궁화 등으로 구분되는 것처럼 중국 기차도 이런 구분이 있어요. 가장 빠른 것은 고속 열차인 특급 열차(特快)예요. 그다음으로는 급행 열차(直快), 쾌속 열차(快客), 완행 열차(普客) 순이지요. 특급 열차가 베이징-상하이처럼 장거리를 빠르게 연결하는 기차라면 쾌속 열차나 완행 열차는 비교적 작은 도시의 역에도 정차한답니다.

"응, 옌볜역 도착하면 다시 버스를 타고 다섯 시간은 가야 하거든."

아이들은 쉽게 상상이 되질 않았어요. 중국이 넓은 건 알고 있었지만 이 정도일 줄이야!

"그럼 할머니 댁에 도착하자마자 다시 집으로 출발해야겠다!"

서울이가 안타까운 듯 한숨을 내쉬며 말하자 가준이가 빙그레 웃었어요.

"그래서 우리는 춘절 휴가가 아주 길어. 나라에서 정한 휴일은 3일이지만 보통 짧게는 일주일, 길게는 한 달도 쉬거든. 집이 먼 사람은 집까지 가는 길이 며칠은 걸리기 때문에 연휴가 길 수밖에 없어."

아이들의 놀란 표정에 가준이는 더욱 신이 나서 말했어요.

"너희도 우리 할머니 댁 같이 갈래? 아직 기차표가 남아 있을지는 모르겠지만."

가준이는 아이들이 대답하기도 전에, 사람들을 헤치고 표를 파는 창구로 나아갔어요. 빼곡한 사람들 사이에 가려져, 가준이는 금세 보이지 않게 되었지요. 잠시 후, 가준이가 뿌듯한 표정으로 돌아왔어요.

"이것 봐!"

가준이의 손에는 기차표 네 장이 들려 있었어요.

"정말 운이 좋았어! 춘절에는 기차표 구하기가 하늘의 별 따기라고! 입석표이긴 하지만 그래도 구한 게 어디야!"

 고향으로 떠나는 중국 기차

아이들은 얼떨결에 표를 받아 들었어요. 그러고는 가준이가 터 준 길을 따라 개찰구를 통과해 기차역 플랫폼까지 들어왔어요. 플랫폼에 기차가 들어오자 아이들은 서둘러 기차에 올라탔어요. 그런데 아이들의 자리는 어디에도 보이질 않았어요. '이게 어떻게 된 거지?' 아이들은 어쩔 줄 몰라 두리번거리고 서 있었어요.

"이리 와! 여기야, 여기!"

가준이가 아이들을 불렀어요.

"저기가 우리 자리인가 봐!"

하지만 그것은 아이들의 착각이었어요. 가준이가 구해 준 표는 '입석' 표였는데, 그게 무엇인지 이제야 깨닫게 되었어요. 정해진 좌석이 없이 서서 가야 하는 표였던 거예요.

"내일 아침까지 이렇게 가야 한다고?"

아이들은 눈앞이 캄캄해지는 것 같았어요. 다행히 가준이와 가준이 부모님은 자리가 있었어요. 가준이와 가준이 엄마가 바짝 붙어 앉은 덕분에 두 명 정도는 의자에 엉덩이를 걸칠 수 있었지요. 다해와 주노에게 자리를 양보하고, 서울이와 지구는 근처 바닥에 털썩 주저앉았어요. 이미 다른 사람들도 저마다 자리를 확보하고는 바닥에 앉거나 짐 보따리 위에 앉아 있었지요.

"중국 기차는 다 이래?"

지구가 주노에게 속삭였어요. 그런데 고개를 두리번거리다 보니 건너편 객실은 사람도 적고 훨씬 여유 있었지요. 지구가 가준이에게 물었어요.

"우리 저쪽으로 가면 안 돼? 저기는 사람도 별로 없어 보이는데."

가준이가 고개를 저었어요. 중국의 기차에는 좌석마다 등급이 있대요. 롼워, 잉워, 롼쭤, 잉쭤로 나뉘는데 각각 부드러운 침대, 딱딱한 침대, 부드러운 의자, 딱딱한 의자라는 뜻이에요. 당연히 부드러운 침대 칸이 가장 좋은 대신 가장 비싸고, 딱딱한 의자 칸이 가장 불편한 대신

가장 싸지요. 게다가 입석표를 가진 사람은 딱딱한 의자 칸에만 탈 수 있기 때문에 가뜩이나 불편한 자리가 붐비는 사람들로 더욱 불편할 수밖에 없었어요.

아이들은 체념하고 잉쭤 칸에 적응하기로 마음먹었어요. 잉쭤 칸도 나름의 재미가 있었어요. 지구 옆에 앉은 아저씨는 해바라기씨를 아이들에게 나눠 주었어요. 아이들은 아저씨를 따라 앞니 사이에 해바라기씨를 끼우고 까득까득 까먹었어요. 뒷자리 아주머니는 달걀을 한 솥이나 삶아 와서 주변 사람들에게 하나씩 나눠 주었지요.

겨우 옌볜역에 도착한 아이들은 또다시 버스에 올랐어요. 가준이의 할머니 댁은 조선족 자치주의 작은 도시에 있었어요. 간판마다 한글과 한자가 함께 나란히 적혀 있는 게 눈에 띄었어요. 드넓은 벌판에 새로 지은 듯한 아파트들이 잔뜩 늘어서 있었어요.

"저기야."

가준이가 그중 하나를 가리키며 말했어요. 드디어 할머니 댁에 도착한 거예요! 완전히 녹초였던 아이들이 그제야 생기가 돌았어요.

"아이고, 가준아!"

할머니는 가준이와 가준이 부모님을 보자마자 눈물을 흘렸어요. 삼 년 만의 만남이었거든요. 베이징에서 옌볜까지 너무 멀기도 하고 일이 바쁘기도 해서 그동안 춘절에도 고향에 내려오지 못했대요. 훌쩍 큰 손자의 모습이 신기한 듯 할머니는 가준이를 끌어안고 이리저리 어루만지느라 정신이 없었어요.

가준이와 가준이 부모님뿐 아니라 친척 어른들도 모두 한국어를 썼기 때문에 아이들은 의사소통에 전혀 불편함이 없었어요. 물론 억양이나 몇몇 단어가 생소하긴 했지만요. 다해가 신기해하자 가준이가 알려 주었어요.

"우리는 중국어랑 한국어, 두 언어를 다 배우거든. 학교도 조선족 학교에 다니고 있고."

중국은 56개의 민족으로 이루어져 있어요. 그중 가장 많은 수는 한족으로 약 12억 5천만 명이나 돼요. 한족을 뺀 55개의 소수 민족이 모두 합쳐 1억 1700만 명 정도 되지요. 인구수는 한족에 비하면 훨씬 적지만, 소수 민족이 터전으로 삼고 있는 땅은 중국 전체의 60%에 이를 정도로 넓어요.

중국 정부는 민족적 특색에 따른 갈등을 완화하기 위해 '자치구'를 만들었어요. 네이멍구 자치구, 광시 좡족 자치구, 시짱 자치구, 닝샤 후이족 자치구, 신장 위구르 자치구 등 5개가 있지요. 가준이가 사는 옌볜은 자치구보다 낮은 '자치주'로 지린성에 속해 있어요. 다른 소수 민족과 마찬가지로 중국의 조선족들도 같은 민족끼리 모여 살면서 자신들의 문화를 유지하기 위해 애를 썼어요. 학교에서 한글을 가르치는 것이나 아이들이 오는 길에 보았던 한글이 적힌 간판이 그 예지요.

조선족은 주로 농사를 지으며 마을을 이루어 모여 살았어요. 그 때문에 문화를 유지하는 것도 가능했지요. 하지만 중국이 도시 위주로 발전하면서 농업으로는 더 이상 생계를 잇기 어려워지자 젊은 사람들은 도시로 일자리를 구하러 나가기 시작했어요. 고향에 몇 년씩 돌아오지 못

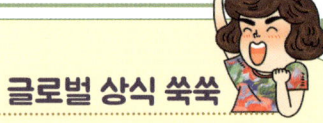

글로벌 상식 쑥쑥

중국의 농민공

중국에서 농민공이란 호적은 농촌에 있지만 농업에 종사하지 않고 도시로 나와 일하는 사람들을 이르는 말이에요. 중국이 시장을 개방하고 산업이 발전하면서 도시는 빠른 속도로 발달했어요. 하지만 농촌의 경제 사정은 오히려 나빠졌지요. 그러자 농촌에서 농사를 짓던 이들 중 일부는 도시로 나와 일자리를 구하기 시작했어요. 도시에서 번 돈으로 고향에 새 집을 짓기도 하고, 자녀들 교육을 시키기도 했어요.

하지만 젊은 사람들이 도시로 나오면서 농촌은 점점 황폐해졌지요. 농사 일손이 부족해졌기 때문이에요. 도시로 일하러 간 부모와 떨어져 고향에 남게 된 아이들은 그 수가 무려 1억 명이나 된대요. 또한 농민공들은 별다른 기술 없이 도시로 나온 데다가 호적 문제로 제대로 된 노동자의 지위를 인정받지 못했기 때문에 월급을 떼이거나 다쳐도 치료를 받지 못하는 등 피해를 입는 경우도 많았어요. 오늘날 중국의 농민공은 약 3억 명에 이른다고 해요. 중국 정부와 사회 전반의 고민과 반성이 필요한 부분이지요.

하거나 아예 다른 도시에 정착하기도 했어요. 조선족 공동체가 얼마나 더 유지될 수 있을지 모를 일이라고 가준이의 할머니가 걱정스러운 목소리로 말했어요.

그때였어요.

"네 이름이 서울이야? 한국의 수도 서울을 말하는 거니? 나 엊그제까지 서울에 있었는데!"

가준이 고모의 말에 아이들은 반가움을 금치 못했어요. 조선족들은 일자리를 찾아 중국의 다른 도시로도 많이 가지만 경제 상황이 낫고 말이 통하는 한국으로도 많이 간다고 고모는 설명했지요. 익숙한 풍경이 눈에 선하게 그려졌어요.

미션 완료!

그날 밤 다해와 주노, 지구와 서울이는 한데 모여 머리를 맞댔어요. 이상한 일이 있었거든요. 서울이의 태블릿 PC가 그대로인 거예요. 분명히 새로운 지역을 왔는데 빈칸이 생겨나지 않았어요.

"왜 이러지?"

다해가 울상을 했어요. 긍정 여신 다해가 이런 반응을 보이자 주노는 얼굴이 더욱 굳어졌어요.

"고장 난 거 아냐?"

지구가 서울이의 태블릿 PC를 받아 들더니 퍽퍽 두들겼어요.

"이러다 진짜 고장 나겠어!"

서울이가 지구에게서 태블릿 PC를 뺏어 가방 안에 소중히 넣었어요.

"우리가 놓친 게 있을 거야. 너무 걱정 말고 기다려 보자. 지금까지 잘해 왔잖아."

서울이의 씩씩한 말에 아이들은 마음이 조금 놓이긴 했지만 싱숭생숭한 기분은 가라앉지 않았어요.

설날 아침, 아이들은 가준이와 함께 세배를 드리고 떡국을 먹었어요. 그러고는 밖에 나가 춘절맞이 폭죽을 터뜨렸어요. 춘절 연휴 내내 폭죽 소리는 어디에서나 울려 퍼졌어요. 나쁜 기운을 쫓아내고 복을 불러들인다는 의미가 있었지요. 이는 한족의 오랜 풍습이었어요. 조선족과 한족, 두 민족의 풍습이 가준이의 생활에 녹아 있었지요. 다민족 국가에 익숙하지 않은 아이들로서는 낯설고도 의미 있는 경험이었어요. 아이들은 터지는 폭죽 소리에 맞춰 소원을 빌었어요.

'이번에는 꼭 집으로 돌아가게 해 주세요.'

그때였어요. 서울이의 태블릿 PC가 다시 삐삐삐삐삐 큰 소리를 냈어요. 아이들은 서둘러 서울이 주변으로 모여들었어요. 태블릿 PC를 켠 서울이는 저도 모르게 소리를 질렀어요. 아이들도 마찬가지였지요. 태블릿 PC에는 이렇게 써 있었어요.

'소원을 세 번 빌었으니, 이제 이루어집니다.'

"꺄! 드디어! 집으로 돌아갈 수 있다!"
아이들은 부둥켜안고 덩실덩실 춤을 추었어요. 뭔지 모르지만 가준이도 덩달아 기뻐했지요.
흥분이 가시자 아이들은 곰곰 돌이켜 보았어요.
"우리가 소원을 세 번이나 빌었나?"
"한 번은 갠지스강에서 내가 빌었어. 집으로 돌아가게 해 달라고!"
"난 메카에서 기도할 때!"
"그리고…… 방금 폭죽을 쏘면서 소원을 빌었지!"
그제야 아이들은 이해가 되었어요. 이 여행의 미션은 빈칸을 채우는 게 아니었어요. 소원을 비는 거였지요. 그냥 소원을 비는 게 아니라 진심을 다해 빌어야 해요.
아이들은 세계 각국을 다니면서 여러 문화를 접했어요. 처음에는 낯설고 두렵기도 했지만 차츰 그 문화에 녹아들면서 각각의 문화를 마음 깊이 이해하고 존중하게 되었지요. 그랬기 때문에 기도할 기회가 생길

때마다 매번 진심을 다해 소원을 빌었던 거예요. 아이들의 열린 마음과 진심 덕분에 숨겨진 미션이었던 '세 번 소원 빌기'를 완수할 수 있었지요.

아이들은 가준이와 아쉬운 작별 인사를 나눴어요. 언젠가 다시 옌볜에 오게 되면 백두산을 함께 가자고 약속했지요.

'이제 버튼을 누르면 집으로 돌아갑니다.'

아이들은 두근대는 마음으로 버튼 위로 손을 모았어요. 그러고는 외쳤어요.

"하나, 둘, 셋!"

빛은 유난히 따뜻하고 포근했어요.

"엄마! 엄마!"

눈을 뜨자마자 서울이는 엄마를 불렀어요.

"응? 쎄울! 무슨 일이야?"

서울이의 다급한 목소리에 엄마가 달려와 방문을 벌컥 열었어요.

서울이가 달려가 엄마 목에 매달렸어요. 엄마는 어리둥절해하면서도 서울이를 꼭 껴안아 주었어요. 다해와 지구와 주노는 서로의 손을 꼭 맞잡았어요. 정말 잊을 수 없는 세계 여행이었답니다.

세계 각국의 새해맞이 음식

한 해를 보내고 새해는 맞는다는 건 어느 나라에서나 매우 설레고 뜻깊은 일이에요. 새해에 좋은 일이 가득하기를 바라는 마음도 마찬가지고요. 그런 의미에서 특별한 뜻을 담은 음식을 만들고, 나눠 먹는 것은 세계 여러 나라에서 찾아볼 수 있는 공통점이에요. 우리나라에서는 새해에 떡국을 먹는데 다른 나라는 어떤 음식을 먹을까요?

미국에는 다양한 민족이 사는 만큼 새해에 다양한 음식을 먹어요. 그중 하나를 꼽자면 미국 남서부에서 먹는 '호핑존'이 있어요. 쌀밥 위에 콩, 고기, 양파, 베이컨, 옥수수빵, 채소 등을 넣고 볶은 요리인데 원래는 아프리카에서 온 흑인들의 음식이었대요. 그러다가 차츰 미국 전역에 퍼졌다고 해요.

미국

'민스파이'는 영국식 파이인데 파이 안에 고기, 건과일, 향신료 등이 들어가지요. 크리스마스부터 1월 6일까지 12일간 매일 먹어요.

영국

멕시코

새해를 알리는 종이 열두 번 치는 것에 맞춰서 포도를 한 알씩 먹어요. 동시에 열두 가지의 소원을 빌지요. 열두 알의 포도는 한 해의 열두 달을 의미한다고 해요. 멕시코뿐 아니라 에스파냐, 포르투갈, 페루 등 라틴계 국가의 공통된 풍습이에요.

독일

새해 전날 가족이 모여서 '부르고뉴 퐁듀'를 나눠 먹어요. 뜨거운 기름에 여러 재료를 담가 먹는 방식의 요리예요. 또 아몬드와 설탕으로 만든 '마지팬 피그'를 서로 나누는데, 이것은 돼지 모양으로 빚은 과자의 일종이에요.

'할라데츠'라고 불리는 음식을 먹는데 조리법이 신기해요. 고기를 삶은 국물과 고기를 얼려서 먹는 거예요. 국물의 기름기가 엉겨붙으면서 젤리 같은 모양이 돼요. 각종 채소와 고기를 마요네즈에 버무린 올리비에 샐러드도 있어요.

나라가 큰 만큼 지역마다 다양한 음식을 먹어요. 북방 지역은 '자오즈'라고 불리는 만두를 먹으며 풍요를 상징하는 생선이나 웃음을 상징하는 새우, 순조로움을 상징하는 닭요리를 먹기도 해요.

러시아

중국

이탈리아

일본

'코테키노 콘 렌티키에'라는 음식을 먹어요. 돼지 발을 넣은 소시지를 렌즈콩과 함께 먹는 걸 말해요. 이 소시지는 새해맞이 소시지라고 하는데, 돼지 발을 먹으면 풍족하게 살 수 있다고 여긴대요.

인도

우유와 쌀을 이용해 우유죽을 만들어 먹어요. 부처님이 수행할 때 우유죽 공양을 받았던 일화에서 유래했대요. 우유죽을 잘 끓이면 한 해 동안 복이 가득하다고 해요.

'오세치'라고 불리는 일종의 도시락을 먹어요. 주로 검은콩조림, 새우, 밤, 연근, 청어알 조림 등 각종 조림과 해산물 등이 담기지요. 청어알은 자손의 번성, 새우는 장수를 상징한대요. 떡이 들어간 '오조니'라는 국도 먹지요.

다른 문화를 대하는 올바른 태도는 무엇일까?

우리와 다른 문화를 접하는 것은 신기하고 낯선 경험이에요. 어떤 문화는 비교적 쉽게 받아들여지는 반면, 어떤 문화에는 거부감이 들기도 하지요. 또 어떤 문화는 멋져 보이기도 해요. 지금 우리가 살아가는 세상은 다른 나라의 문화를 쉽게 접할 수 있기 때문에 낯선 문화를 접했을 때 주의해야 할 태도를 알아 두는 게 좋아요. 그래야 올바른 가치관을 세우고 삶의 중심을 잃지 않을 수 있거든요.

그런 의미에서 '문화 사대주의'는 경계해야 할 태도에요. 문화 사대주의란 다른 문화를 내가 속한 문화보다 무조건 우월하다고 여기는 거예요. 반면 자신의 문화는 열등하게 여기지요. 문화 사대주의에 빠지면 비판 없이 다른 나라의 문화를 받아들이게 될 뿐만 아니라 그로 인해 자신의 정체성을 잃을 가능성이 커요.

정반대의 경우도 주의해야 해요. 바로 '자문화 중심주의'에 심취하는 태도예요. 자문화 중심주의란 내가 속한 문화가 최고라고 여기는 태도를 말해요. 자긍심을 가지는 것은 좋지만 그걸 넘어서서 다른 민족이나 문화를 업신여기고 우월주의에 빠져서는 안 돼요. 요즘같이 전 세계의 문화가 활발히 교

류하는 때 이런 태도를 가지고 있으면 국제적으로 고립되기 쉬워요.

자신의 문화에 대한 자긍심을 갖고 있으면서도, 다른 문화의 특성을 있는 그대로 받아들이고 이해하는 태도가 중요해요. 각각의 문화는 자기만의 역사적, 환경적, 사회적 맥락이 있으니까 말이에요. 획일적인 잣대로 평가하지 말아야 해요. 이런 태도가 바로 '문화 상대주의'예요.

이슬람 국가에서 돼지고기를 먹지 않는 것, 시신을 새가 먹게끔 하는 티베트의 조장 풍습 등 낯선 문화를 이상하다고 여기지 않고 그들 고유의 문화로 이해하고 받아들이는 것이지요.

하지만 문화 상대주의의 태도에도 경계해야 할 부분이 있어요. 이슬람 교리의 보수적 해석에 따른 성차별, 종교에서 비롯된 신분제, 여성의 발을 기형적으로 작게 만드는 중국의 전족 문화처럼 인권을 심각하게 침해하는 풍습까지 포용해야 하는가의 문제지요.

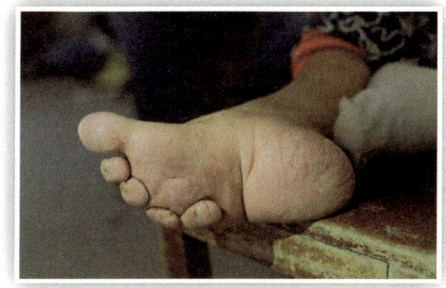

전족을 한 여성의 발

어떤 하나의 관점만을 고집하면서 다른 문화를 생각하기보다 다양한 측면에서 이해하고 판단할 필요가 있어요. 여러분이 도저히 받아들일 수 없다고 생각하는 우리나라 또는 외국의 문화나 풍습에는 어떤 것들이 있는지 생각해 보세요.

글로벌 퀴즈

다음은 여러 나라의 새해맞이 음식이에요. 관련된 나라 이름을 사진 아래 빈칸에 써 넣으세요.

1. 떡국

2. 포도

3. 자오즈

4. 마지팬 피그

5. 민스 파이

정답: ① 대한민국, ② 에스파냐, ③ 중국, ④ 독일, ⑤ 영국

> 어려운 용어를 파헤치자!

라마단 이슬람교에서, 단식과 재계(齋戒)를 하는 달이에요. 이슬람력의 아홉 번째 달로, 해가 뜰 때부터 해가 질 때까지 금식을 해요.

블랙 프라이데이 11월의 넷째 주 목요일인 추수 감사절 다음 날로, 미국에서 연중 가장 큰 규모의 쇼핑이 행해지는 날이에요. 'black(검다)'이라는 표현은 이날이 연중 처음으로 회계 장부에 흑자(black ink)를 기록하는 날이라는 데에서 유래되었다고 해요.

시에스타 점심을 먹은 뒤 즐기는 잠깐의 낮잠을 일컫는 말이에요. 날씨가 온화한 국가에서는 이런 습관이 오래전부터 남아 있기도 해요. 라틴 아메리카 국가들에서도 시에스타 문화를 흔히 엿볼 수 있지요.

천부 인권 자연법에 의하여 인간이 태어나면서부터 가지고 있는 권리예요. 자기 보존이나 자기 방위의 권리, 자유나 평등의 권리 따위가 있어요.

청교도 16세기 후반, 영국 국교회에 반항하여 생긴 개신교의 한 교파예요. 칼뱅주의를 바탕으로 모든 쾌락을 죄악시하고 사치와 성직자의 권위를 배격하였으며, 철저한 금욕주의를 주장하였어요.

타파스 식욕을 돋우어 주는 애피타이저의 일종으로 에스파냐 요리에서 간식의 일종으로도 먹어요. 올리브나 치즈를 차게 해서 먹거나 오징어 등 해산물과 튀겨서 먹기도 하지요.

플라멩코 에스파냐 남부의 안달루시아 지방에서 예부터 전하여 오는 민요와 춤이에요. 기타와 캐스터네츠 소리에 맞추어 손뼉을 치거나 발을 구르는 등 격렬한 리듬과 동작이 특징이지요.

> 글로벌 에티켓 관련 사이트

외교부 해외 안전 여행   www.0404.go.kr

해외 국가나 지역별 정보를 확인할 수 있는 사이트예요. 여행하기에 안전한 지역인지, 경보가 발령되어 있는지, 출입국할 때 무엇을 주의해야 하는지 등 다양한 정보를 확인할 수 있어요. 또한 위기 상황 시 어떻게 대처해야 하는지에 대한 매뉴얼도 제공하고 있답니다.

교육부 글로벌 에티켓 교과서 보완 지도 자료

www.moe.go.kr/boardCnts/view.do?boardID=350&boardSeq=48033&lev=0&m=0309

교육부가 창작한 글로벌 에티켓 교과서 초등학교용 보완 지도 자료를 다운 받을 수 있는 페이지예요. 100쪽에 걸친 글로벌 에티켓 자료를 무료로 이용할 수 있어요.

신나는 토론을 위한 맞춤 가이드

세계 여러 문화와 에티켓에 대한 이야기를 재미있게 읽었나요? 다양한 세계 문화와 그것을 받아들이는 우리 자세에 대해 토론해 볼까요? 토론을 잘하려면 올바른 지식과 다양한 정보가 바탕이 되어야 해요. 책을 다 읽고 친구 또는 부모님과 함께 신나게 토론해 봐요!

잠깐! 토론과 토의는 뭐가 다르지?

토론과 토의는 모두 어떤 문제를 해결하기 위해 의견을 나누는 일입니다. 하지만 주제와 형식이 조금씩 달라요. 토의는 여러 사람의 다양한 의견을 한데 모아 협동하는 일이, 토론은 논리적인 근거로 상대방을 설득하는 일이 중요합니다. 토의는 누군가를 설득하거나 이겨야 하는 것이 아니기 때문에 서로 협력해서 생각의 폭을 넓히고 좋은 결정을 내릴 때 필요해요. 반면 토론은 한 문제를 놓고 찬성과 반대로 나뉘어 서로 대립하는 과정을 거치지요. 넓은 의미에서 토론은 토의까지 포함하는 경우가 많습니다. 토론과 토의 모두 논리적으로 생각 체계를 세우고, 사고력과 창의성을 높이는 데 도움을 준답니다.

토론의 올바른 자세

말하는 사람
1. 자신의 말이 잘 전달되도록 또박또박 말해요.
2. 바닥이나 책상을 보지 말고 앞을 보고 말해요.
3. 상대방이 자신의 주장과 달라도 존중해 주어요.
4. 주어진 시간에만 말을 해요.
5. 할 말을 미리 간단히 적어 두면 좋아요.

듣는 사람
1. 상대방에게 집중하면서 어떤 말을 하는지 열심히 들어요.
2. 비스듬히 앉지 말고 단정한 자세를 해요.
3. 상대방이 말하는 중간에 끼어들지 않아요.
4. 다른 사람과 떠들거나 딴짓을 하지 않아요.
5. 상대방의 말을 적으며 자기 생각과 비교해 봐요.

체계적으로 생각하기

핼러윈 데이, 남의 나라 축제일까요?

매년 가을 우리가 재미있게 즐기는 서양의 명절, 핼러윈. 여러분은 이 날을 어떻게 보내나요? 친구들과 핼러윈 분장을 하면서 즐거운 시간을 보내나요, 아니면 아무 날도 아닌 것처럼 그냥 지나가나요? 다음 글을 읽고, 다른 나라의 축제 문화에 대해서 생각해 보아요.

핼러윈은 10월 31일에 행해지는 전통 행사예요. 이 날에는 죽은 영혼이 다시 살아나며 정령이나 마녀 등이 출몰한다고 믿고, 그들에게 몸을 뺏기지 않기 위해 사람들은 유령이나 흡혈귀, 해골, 마녀, 괴물 등의 복장을 하고 축제를 즐기지요. 핼러윈은 고대 켈트족의 삼하인(Samhain) 축제에서 비롯되었어요. 켈트족은 1년의 끝을 10월 31일로 인식해 그날이 추수 기간이 끝나는 날이자 온기와 불빛과 작별하는 날(겨울이 시작되는 날)이라고 믿었다고 하지요.

핼러윈 문화는 미국을 대표하는 축제로 자리 잡았는데요. 현재는 세계 여러 국가에서 핼러윈을 축제처럼 즐기고 있지요. 우리나라도 마찬가지고요.

하지만 우리나라의 경우 핼러윈 문화를 즐기는 것에 비판적인 의견도 꽤 많아요. 우리나라 명절의 의미는 점점 퇴색해 가는데, 외국의 축제를 무분별하게 받아들이고 즐긴다는 것이지요. 설이나 추석 명절 기간에 해외여행을 가고, 핼러윈이나 베이비 샤워 등을 챙기는 것은 비정상이라는 의견도 있어요. 핼러윈의 진짜 의미도 모르면서 그냥 파티처럼 즐긴다고 비판하기도 하고요.

반면에 이렇게 다양한 형태의 축제와 즐길거리가 생기는 것에 긍정적인 사람들도 있어요. 어떤 형식이든 축제 문화가 활성화되는 건 바람직하다는 의견이지요. 밸런타인데이처럼 이미 우리나라에 깊숙이 자리 잡은 문화도 있는데, 핼러윈만 갖고 뭐라고 할 수 없다는 의견도 있었답니다. 세계화 시대에 맞춘 당연한 축제 문화라는 것이지요. 여러분 생각은 어떤가요?

1. 핼러윈 데이는 어떤 날인가요?

2. 핼러윈 데이 행사에 찬성하는 까닭은 무엇이고, 반대하는 까닭은 또 무엇인가요?

찬성하는 이유:

반대하는 이유:

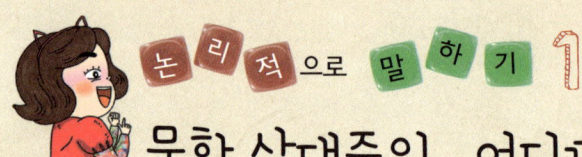

문화 상대주의, 어디까지 받아들여야 할까요?

'문화 상대주의'는 다른 문화를 대할 때 가져야 할 기본적인 태도예요. 다음 글을 읽고 질문에 답해 보세요.

2020년 5월, 네팔 중서부 서루쿰의 달리트 계급의 젊은 청년이 자기보다 높은 계급의 여자와 결혼하려고 여자 친구의 마을에 갔어요. 그런데 이들의 결혼을 반대하는 마을 주민들은 몽둥이를 들고 청년을 쫓아냈지요. 청년과 친구들은 주민들에게 쫓기다가 결국 강으로 뛰어들 수밖에 없었어요. 그렇게 청년과 친구들 6명은 모두 목숨을 잃었어요.

극단적 문화 상대주의

사회와 문화가 달라도 모든 인간 사회에는 자유, 인권 등 보편적 가치가 있게 마련이다. 문화의 상대성이란 다른 사회의 문화를 이해할 때, 편견과 고정 관념을 배제하자는 것이지 어떤 사회의 문화든지 다 좋고 옳다는 뜻은 아니다. 어떤 문화 현상에 문화 상대주의가 적용될 수 있으려면 그 문화 속에 다른 문화를 가진 사람들도 인정할 수 있는 합리성이 있어야 한다. 가령 불합리한 신분 제도가 있는 나라에서 "신분 차별은 우리의 문화이며, 인권이라는 가치는 우리 문화와 무관하다. 따라서 우리 문화를 서구의 기준으로 판단하지 말라."라고 주장하는 것은 문화 상대주의를 극단적으로 파악하는 것이다.

[네이버 지식백과] 문화 상대주의 (통합 논술 개념어 사전, 2007. 12. 15. 한림학사)

1. '문화 상대주의'란 무엇일까요?

2. 결혼을 하려다 목숨을 잃은 청년 이야기도 '문화 상대주의'에 따라 인정해야 할까요? 그렇지 않다면 그 까닭은 무엇일까요?

3. 극단적 상대주의를 경계해야 하는 까닭은 무엇일까요?

논리적으로 말하기 2
문화 전파는 어떻게 이루어질까요?

'문화 전파'란 한 지역의 문화가 다른 곳으로 퍼지는 것을 말해요. 이때 문화는 사람들의 이동, 무역, 전쟁, 정복, 대중 매체의 발달 등을 전파의 수단으로 삼지요. '문화 전파'에는 문화 확산과 문화 이식이 있어요. '문화 확산'은 한 지역의 문화가 서서히 다른 지역으로 퍼지는 것을 말하고, '문화 이식'은 문화가 멀리까지 전달되는 것을 말하는데, 일정 지역을 뛰어넘어 바로 전달되는 것이 특징이지요. 아래 글을 읽고, 다음 질문에 여러분의 생각을 말해 보세요.

세계를 휩쓰는 한류 열풍. 이제 동유럽까지 진출한 상황이에요. 동유럽 국가들의 한류 팬들은 케이 팝과 한국 드라마를 즐길 뿐만 아니라 사회주의나 서구식 자본주의로 이루어 내지 못한 이상적인 사회상을 한류 문화에서 찾고 있다는 분석도 있어요.

동유럽 한류 팬들의 가장 큰 특징은 무엇일까요? 바로 조직적이라는 점이에요. 루마니아 한류 팬클럽의 절반은 정부에 등록된 비정부 기구(NGO)라고 해요. 이들은 공식 기관 자격으로 한국 대사관이나 기업의 지원을 받아 팬클럽 활동을 하지요. 본인들이 직접 한국의 문화를 알리는 행사를 기획하고 개최하기도 해요. 헝가리에서도 대규모 댄스파티나 한국 문화 체험 행사를 마련해 한국 문화를 알렸지요. 일종의 민간 외교관 역할을 하는 것이에요.

전문가 의견에 따르면 동유럽 국가의 한류 팬들이 조직적으로 활동할 수 있는 것은 공산주의 사회 경험 덕분이라고 해요. 또 한류 콘텐츠의 인기 비결이 기존 사회에 대한 대안을 제시하고 있다고 분석했지요. 자신들의 생활이 피폐한 것과 불확실한 미래에 대한 사회적 대안을 전통과 예의를 중시하는 한류 콘텐츠에서 찾고 있다는 것이에요. 우리나라 드라마에서 드러나는 민족주의 성향도 국가에 대한 자긍심이 떨어진 이들에게 오히려 긍정적인 효과를 준다고 분석했어요. 단순히 콘텐츠의 질이 높거나 문화적 취향에 동감한다는 것이 아니에요. 빠른 경제 성장을 이루고 디지털 기술이 발달한 우리나라가 갖게 된 근대적인 이미지와 함께 한류 콘텐츠가 그리는 가치가 동유럽 국가 팬들에게 어필한 것이라는 전문가의 의견이 있었답니다.

1. 다음 사례는 문화 전파의 여러 방식 중 어떤 방식으로 이루어졌는지 말해 보세요.

   - 케이 팝
   - 남아메리카의 가톨릭
   - 신라 시대의 불교

2. 글에서 언급한 사례를 통해 오늘날 문화의 확산 속도와 방법에 대해 말해 보세요.

우리나라의 독특한 문화를 알리고 싶어요!

다른 나라 사람들에게 꼭 알리고 싶은 우리나라만의 문화에 대해 생각해 보고, 어떤 방식으로 알리는 것이 효과적일지 고민해 보세요.

예시 답안

핼러윈 데이, 남의 나라 축제일까요?

1. 켈트인의 전통 축제에서 기원한 날로 기독교 축일인 만성절 전날인 10월 31일에 벌어진다. 유령, 흡혈귀, 마녀 등 다양한 복장을 입는다.
2. **찬성**: 축제 문화의 활성화
   반대: 외국 문화의 무분별한 유입, 남의 나라 문화가 더 좋아 보이는 문화 사대주의 경향.

문화 상대주의, 어디까지 받아들여야 할까요?

1. 문화의 다양성과 상대성을 인정하고, 우열을 나누는 것이 아니라 있는 그대로 이해하는 태도를 말한다.
2. 그렇지 않다. 인권이나 자유 등 보편적인 가치에 어긋나는 문화를 무조건 문화 상대주의의 시각으로 보아서는 안 된다.
3. 인간의 존엄을 훼손하는 제도나 풍습마저도 문화 상대성의 명목하에 인정하거나 개선하지 않을 우려가 있다.

문화 전파는 어떻게 이루어질까요?

1. **케이 팝**: 대중 매체의 발달(특히 온라인 및 소셜 미디어)
   남아메리카의 가톨릭: 유럽의 제국주의에 따른 정복 활동
   신라 시대의 불교: 사람들의 이동, 무역
2. 오늘날 케이 팝은 전 세계적인 인기를 얻고 있다. 과거에는 중국과 일본, 동남아시아 등의 한류 열풍을 타고 케이 팝이 흥했다면 최근에는 인접 국가가 아니라 멀리 떨어진 북미, 남아메리카 대륙, 유럽 등에서도 인기를 얻고 있는 것이다. 이를 통해 온라인과 SNS의 발달로 문화 전파의 속도가 매우 빨라졌으며 또, 문화 확산보다 문화 이식의 형태로 전파되고 있음을 알 수 있다.

뭉치 수학왕 (전 40권)

수학이 쉬워지고, 명작보다 재미있는

"인공지능(AI) 시대의 힘은 수학에서 나온다!"

정가 480,000원

개념 수학 〈1단계〉① 양치기 소년은 연산을 못한대(수와 연산) ② 견우와 직녀가 분수 때문에 싸웠대(수와 연산) ③ 헨젤과 그레텔은 도형이 너무 어려워(도형) ④ 쉿! 신데렐라는 시계를 못 본대(측정) ⑤ 알쏭달쏭 알라딘은 단위가 헷갈려(측정) ⑥ 떡장수 할머니와 호랑이는 구구단을 몰라(규칙성) ⑦ 아기 염소는 경우의 수로 늑대를 이겼어(자료와 가능성) ⑧ 개념 수학 1단계-백점맞는 수학 문장제 〈2단계〉⑨ 가우스, 동화 나라의 사라진 0을 찾아라(수와 연산) ⑩ 가우스는 소수 대결로 마녀들을 물리쳤어(수와 연산) ⑪ 앨런, 분수와 소수로 악당 히들러를 쫓아내라(수와 연산) ⑫ 오일러와 피노키오는 도형축제 대회 1등을 했어(도형) ⑬ 오일러, 오즈의 입체도형 마법사를 찾아라(도형) ⑭ 유클리드, 플라톤의 진리를 찾아 도형 왕국을 구하라(도형) ⑮ 아르키는 어림하기로 걸리버 아저씨를 구했어(측정) ⑯ 페르마, 수리수리 규칙을 찾아라(규칙성) ⑰ 피보나치, 수를 배열해 비밀의 방을 탈출하라(규칙성) ⑱ 파스칼은 통계 정리로 나쁜 왕을 혼내줬어(자료와 가능성) ⑲ 개념 수학 2단계-백점맞는 수학 문장제 〈3단계〉⑳ 약수와 배수로 유령 선장을 이긴 15소년(수와 연산) ㉑ 입체도형으로 수학왕이 된 앨리스(도형) ㉒ 원주율로 떠나는 오디세우스의 수학 모험(측정) ㉓ 비례배분으로 보물섬을 발견한 해적 실버(규칙성) ㉔ 로미오와 줄리엣이 첫눈에 반할 확률은?(자료와 가능성) ㉕ 개념 수학 3단계-백점맞는 수학 문장제

융합 수학 ㉖ 쌍둥이 건물 속 대칭축을 찾아라(건축) ㉗ 열차와 배에서 배수와 약수를 찾아라(교통) ㉘ 스포츠 속 황금 각도를 찾아라(스포츠) ㉙ 옷과 음식에도 단위의 비밀이 있다고?(음식과 패션) ㉚ 꽃잎의 개수에 담긴 수열의 비밀(자연)

창의 수학 ㉛ 퍼즐탐정 셜렁홈즈1-외계인 스콜피오스의 음모 ㉜ 퍼즐탐정 셜렁홈즈2-315일간의 우주여행 ㉝ 퍼즐탐정 셜렁홈즈3-뒤죽박죽 백설공주 구출 작전 ㉞ 퍼즐탐정 셜렁홈즈4-'지지리 마란드러'의 방학숙제 대작전 ㉟ 퍼즐탐정 셜렁홈즈5-수학자 '더하기를 모태'와 한판 승부 ㊱ 퍼즐탐정 셜렁홈즈6-설국언차 기관사 '얼어도 달리능기라' ㊲ 퍼즐탐정 셜렁홈즈7-해설 및 정답

개념 사전 ㊳ 수학 개념 사전 1(수와 연산) ㊴ 수학 개념 사전 2(도형) ㊵ 수학개념사전 3(측정/규칙성/자료와 가능성)